학부모를 위한

정보통신윤리

KERiS 한국교육학술정보원 기획 · 개발

한국경제신문

아이들과 함께 만드는 건전한 사이버 세상

요즘 인터넷은 우리의 생활에 많은 편리함을 가져다 주고 경제적으로도 많은 효과를 나타내고 있습니다. 그리고 이전까지 우리가 접해 보지 못했던 새로운 사이버 세상을 우리에게 펼쳐 보이고 있습니다. 앞으로 정보 통신 기술이 더욱 발달하면서 사이버 세상에서 지내는 시간은 더욱 많아질 것입니다.

그런데 최근 통신 중독, 게임 중독, 해킹, 바이러스, 인터넷 사기 등 인터넷의 역기능이 사회 문제로 대두되고 있습니다. 특히 우리의 아이들이 이러한 인터넷 역기능의 피해에 무방비 상태로 놓여 있기도 합니다. 실제로 통신 또는 게임에 중독되어 현실 사회에서 제대로 적응하지 못하는 아이들이 있고, 아이들의 대화 내용을 부모님들이 이해하지 못하는 경우가 생기기도 합니다.

어른들 또한 인터넷의 역기능에 대처할 능력을 갖지 못한 채 피해를 입는 경우가 많습니다. 이제 우리는 이러한 점에 주의를 기울여야 합니다. 사이버 세상은 우리에게 편리함과 흥미를 주지만, 제대로 활용하지 못하면 오히려 우리에게 불편을 줄 수 있기 때문입니다.

이 책은 부모님들 스스로 인터넷의 올바른 이용과 인터넷의 역기능에 대처하는 방법을 알고 자녀들의 올바른 인터넷 활용을 도와줄 수 있도록 하기 위하여 만들어진 것입니다. 아무쪼록 이 책이 건전한 사이버 세상을 가꾸어 나가도록 부모님과 아이들이 함께 노력하는 데 도움이 되었으면 합니다.

끝으로 이 책이 나올 수 있도록 도움을 주신 여러 선생님들과 한국경제신문사의 관계자 여러분께 감사의 말씀을 드립니다.

한국교육학술정보원

원 장 김 영 찬

인터넷 함정으로부터 자녀들을 지킵시다!

전통 사회에서의 윤리는 공동체 의식을, 산업 사회에서의 윤리는 시민 의식을 중시했다면 인터넷 문화 혁명으로 도래한 지식 정보화 사회에서는 위험 방지 의무와 피해 예방 요령, 정보 보호 요령을 몸에 익히는 것이 공동체 생활을 하는 네티즌의 윤리적 의무가 되어야 합니다.

인터넷은 올바르게 잘 활용하면 학습과 정보를 위한 유용한 도구이며 인간과 인간을 이어주는 향기로운 도구입니다. 동시에 인터넷 공간은 청소년들이 때와 장소를 가리지 않고 빠져드는 위험한 곳이기도 합니다. 이 함정에 빠져 인터넷을 오용하거나 남용해 개인적인 악성 행위를 범할 경우, 다른 사람에게는 물론 자신에게도 치명적인 결과를 가져올 수 있습니다.

인터넷 예절 교과서인 이 책은 대화방, 전자 우편, 게시판 등 인터넷을 사용하면서 지켜야 할 예절과 바이러스 및 해킹, 유해 사이트, 게임 중독 등 인터넷 역기능으로부터 자녀들이 안전하게 대처할 수 있도록 지도해 주는 데 꼭 필요한 내용을 담고 있습니다.

한국경제신문에서는 인터넷 예절이 넓고 깊게 확산되어 아름답고 건강한 사이버 세상을 만드는 데 앞장설 것을 약속드립니다. 학부모님들께서도 사랑하는 자녀와 이웃의 청소년들이 탈선과 일탈을 유혹하는 함정에 빠지지 않고 아름다운 사이버 세상을 만들어 가도록 선량한 관리자로서의 주의 의무를 다해 주실 것을 당부드립니다

끝으로 이 책을 개발하여 주신 한국교육학술정보원의 원장님과 관계자 여러분께 감사드립니다.

한국경제신문
사 장 최 준 명

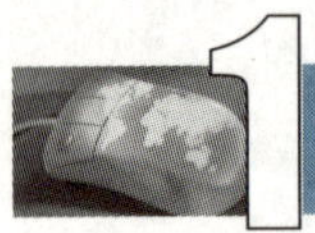

1 건전한 인터넷 문화를 위한 우리의 다짐

우리는 인터넷 공간의 시민이자 주인,
인터넷 공간이 건강해져야 주인인 우리도
건강하게 살아 갈 수 있습니다.

불건전한 정보 대신 유익한 정보를,
거짓 정보 대신 정직한 정보를,
상처를 주는 언어 대신 사랑의 언어를 사용하여
우리의 인터넷 공간을 건전하게 만듭시다.

우리의 미래를 아름답게 가꾸어 줄 인터넷,
우리의 손으로 건강하게 만들어 갑시다.

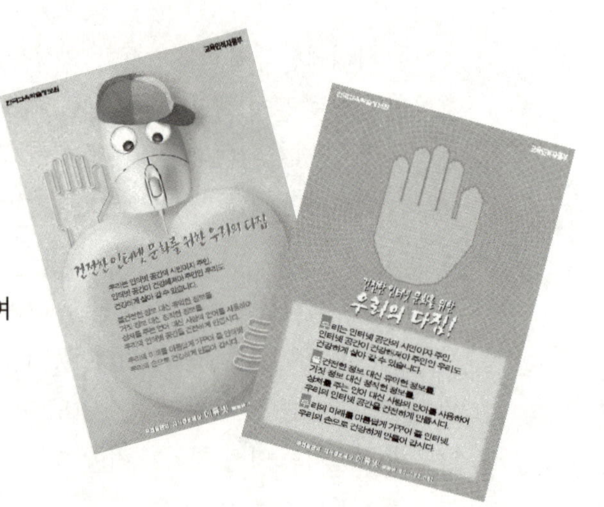

2 인터넷 공간에서의 실천 사항

우리는 인터넷 공간의 주인으로서 다음을 꼭 지킬 것을 약속합니다.

1 언제나 예의를 갖춘 말과 글을 사용한다.

2 다른 사람의 인격과 사생활을 존중한다.

3 불건전한 정보는 보지도, 주고받지도 않는다.

4 컴퓨터 바이러스 전파, 해킹 등의 행위를 하지
 않는다.

5 다른 사람이 만든 정보를 사용할 때는 반드시 출
 처를 밝힌다.

6 인터넷에서 너무 오래 시간을 보내지 않는다.

세부 실천 사항

1 통신 예절

- 글은 명확하고 간결하며 맞춤법에 맞게 쓴다.
- 다른 사람에게 존칭을 사용하며 예절을 갖추어 표현한다.
- 유익한 정보를 보낸 사람에게 감사의 글을 보낸다.

2 불건건 정보

- 불건전 정보는 보지도 말고 타인에게 전달하지도 않는다.
- 불건전 정보를 담은 웹 사이트를 발견하면 정보 통신 윤리 위원회에 신고한다.
  (http://www.icec.or.kr/)
- 자신도 정확히 모르는 정보를 유포하지 않는다.
- 타인의 사생활에 관한 정보는 유포하지 않는다.
- 폭언이나 유혹을 계속하는 사람과는 연락을 중단한다.

3 정보 보안

- 컴퓨터 바이러스 유포 및 해킹은 법을 어기는 범죄 행위임을 명심한다.
  컴퓨터 바이러스 백신 프로그램을 설치하고 항상 최신 버전으로 갱신한다.
- 바이러스 감염 또는 해킹이 의심되면 한국 정보 보호 진흥원에 알린다.
  (http://www.cyber118.or.kr/)
- 자신의 비밀 번호는 다른 사람이 쉽게 추측할 수 없도록 만든다.

4 인터넷 사용 시간

- 인터넷 통신, 게임 등을 하면서 지나치게 오랜 시간을 보내지 않는다.
- 운동 등 다른 활동 시간을 늘리고 오락 목적의 컴퓨터 사용을 줄인다.

5 저작권

- 타인이 인터넷에 올린 정보를 인용할 때는 반드시 출처를 밝힌다.
- 공개 자료실에 상업용 소프트웨어를 올리지 않는다.
- 소프트웨어는 반드시 정품을 사용한다.

차 례

1 인터넷 이해하기   11

2 우리 아이 이해하기   39

인터넷 이해하기

1 인터넷이란?

2 인터넷, 무엇이 좋고 무엇이 나쁜가?

3 건전한 인터넷 세상이 되려면?

1. 인터넷 이해하기

① 인터넷이란?

초등 학생 이상의 자녀를 둔 부모님이라면, 누구나 한두 번은 들었을 아이들의 요구 사항입니다. 아이들에게 있어서 컴퓨터는 이제 단순한 생활의 도구가 아니라, 그들의 삶의 일부가 되고 있습니다.

일반적으로 아이들은 이 새로운 문명에 대해 부모들보다 훨씬 많이 알고 있습니다. 아이들은 이전에 우리가 경험하지 못했던 세계를 간단하게 마우스만 클릭함으로써 신나는 항해를 하고 있습니다.

그러나 아이들은 인터넷이 가져다 주는 혜택을 누리는 동시에 인터넷의 부작용에도 그대로 노출되어 있습니다. 그러므로 우리는 인터넷의 부작용으로부터 우리 아이들을 보호하는 가운데, 그들이 안전한 항해를 할 수 있도록 도와 줄 책임과 의무가 있습니다. 이를 위해서는 우선 부모들이 인터넷에 대해 관심을 가지고, 자녀 교육에 적극적인 관심과 노력을 기울여야 합니다.

 **도대체 인터넷이 뭐지요?**

Tips

인터넷은 전세계의 모든 컴퓨터 간에 연결된 네트워크의 네트워크입니다. 네트워크란 두 대 이상의 컴퓨터를 연결하여 서로 자료를 주고받을 수 있는 통신망을 의미합니다.

　현재 우리 나라 전체 인구의 절반이 인터넷을 사용하고 있으며, 특히 중·고등 학생의 96% 이상이 인터넷을 사용하고 있다고 합니다. 만약 자녀들로부터 "엄마, 인터넷이 뭐예요?" 또는 "엄마는 인터넷이 무언지 아세요?"라는 질문을 받는다면, 어떻게 답해야 할까요?

　인터넷은 간단히 말해서, 전세계의 모든 컴퓨터 간에 연결된 네트워크의 네트워크입니다. 네트워크란 두 대 이상의 컴퓨터를 연결하여 서로 자료를 주고받을 수 있는 통신망을 의미합니다. 또한, 인터넷은 이러한 네트워크들을 이용하고 발전시켜 나가는 사람들의 공동체이고, 자신에게 유익한 정보를 구할 수 있는 자원들의 집합이며, 전세계로 연결된 네트워크입니다.

 **어떻게 전세계의 컴퓨터를 연결하여 우리가 그 내용을 볼 수 있지요?**

원래 인터넷은 1969년에 군사적인 목적으로 미국에서 시작되었습니다. 미국 국방부는 어느 한 곳이 적의 공격에 파괴되더라도 또 다른 전산망으로 국가 전산망을 원활하게 사용하기 위하여 국방부의 컴퓨터와 몇몇 연구소 및 대학의 중앙 컴퓨터를 연결하였습니다. 여기서 나온 것이 ARPANET(알파넷)인데, 이것이 바로 최초의 인터넷입니다.

그로부터 얼마 지나지 않아 일부 학자들과 대학 교수들이 인터넷을 통하여 자신들의 연구에 필요한 자료와 의견 등을 서로 교환하게 되었습니다. 이 때에는 문자 위주로 된 명령어를 일일이 입력해야 인터넷이 가능했기 때문에 소수의 전문가들만이 사용할 수 있었습니다.

오늘날과 같은 인터넷 열풍이 가능하게 된 것은 1990년대에 월드 와이드 웹(World Wide Web)이 등장하면서부터입니다. 흔히 'WWW' 라고도 불리고 그냥 웹(Web)이라고도 불리는 월드 와이드 웹은 다양한 형태의 자료와 정보에 접근할 수 있도록 해 주는 인터넷 서비스입니다. 웹은 문자, 영상, 음향까지 지원되고, 링크 기능을 이용하여 문서 내의 한 곳에서 다른 곳으로, 한 문서에서 다른 문서로, 그리고 한 사이트에서 다른 사이트로 자유롭게 이동할 수 있게 해 줍니다. 웹은 'URL' 이라는 고유한 주소를 갖고 있어 인터넷의 정보에 접근하는 보편적인 체계를 제공합니다. 이 URL(uni-form resource locator)은 전세계적으로 동일한 규칙을 가지고 만들어지므로 세계 어디에 있든지 인터넷에만 연결하면 정보를 볼 수 있는 것입니다.

URL과 IP Address와 도메인

인터넷 상에는 매우 많은 컴퓨터들이 연결되어 있기 때문에 일정한 규약이 있어야 많은 파일들 속에서 원하는 파일을 찾을 수가 있습니다. 이를 위해서 만든 규약이 바로 URL입니다.

URL은 '프로토콜명://서버 주소/파일명' 으로 나타냅니다. 프로토콜은 통신 규약을 말하는 것으로 http, ftp, telnet 등 여러 개가 있지만, http가 가장 많이 쓰이는 형식입니다.

IP Address는 무수히 연결된 컴퓨터들을 쉽게 구분할 수 있도록 붙여 준 컴퓨터의 주소입니다. 예를 들어, 한국교육학술정보원 홈페이지의 IP Address는 http://210.102.100.21/입니다. 그러면 이렇게 복잡한 숫자들을 외워야만 원하는 홈페이지에 접속할 수 있는 것일까요? 물론, 아니지요.

숫자를 일일이 기억하여 찾는다는 것은 사실 너무 어려운 일이므로, 누구나 쉽게 이해할 수 있도록 주소를 나타내는데 그것이 바로 도메인(Domain)입니다. 도메인은 일정한 규칙을 가지고 만들어지기 때문에 외우는 것이 그렇게 어렵지는 않습니다. 즉, 한국교육학술정보원의 도메인은 http://www.keris.or.kr인데, 이 주소는 다음과 같이 구성되어 있는 것입니다.

기관 속성은 인터넷 주소를 보고 이 곳이 무엇을 하는 곳인지를 쉽게 짐작할 수 있게 합니다.

- co(com) : 상업 기관
- go(gov) : 정부 기관
- edu : 교육 기관
- or : 특별한 기관 또는 단체
- ac : 대학교

하지만 도메인명을 모두 외우는 것 역시 쉬운 일은 아니지요? 요즘에는 브라우저의 주소 입력란에 원하는 곳의 이름을 입력하면 바로 연결되는 경우가 많습니다. 지금 인터넷에 연결하여 브라우저의 주소 입력란에 '한국교육학술정보원' 이라고 입력해 보세요. 바로 연결되지요?

 ## 인터넷과 PC 통신은 무엇이 다르지요?

하이텔, 나우누리, 천리안, 유니텔 등과 같은 PC 통신의 기본 개념은 하나의 정보 시스템을 이용하여 접속하는 것입니다.

따라서 사용자는 하나의 정보 시스템에서 제공하는 정보만을 얻을 수 있고, 같은 정보 시스템을 사용하는 사람들끼리만 정보를 교환할 수 있습니다.

인터넷 역시 정보 서비스 업체에 접속하여 사용하는 점은 PC 통신과 같습니다. 그러나 인터넷은 전세계의 정보 서비스 시스템들이 서로 연결되어 있기 때문에, 이를 이용하면 수많은 정보를 얻을 수 있으며, 다른 정보 시스템을 이용하는 사람들 간에도 정보를 교환할 수 있습니다.

또한, 인터넷은 'TCP/IP' 라는 프로토콜을 사용하여 이를 통해 전세계 컴퓨터가 같은 통신 규약으로 통신할 수 있다는 점에서 PC 통신과 다릅니다.

간단히 말해, 지구상에 산재해 있는 PC 통신망 서비스들은 모두 독립된 하나의 영역으로서 존재합니다. 인터넷은 이렇게 독립된 영역으로 존재하는 네트워크들을 연결해 주는 도로망과 같은 것입니다.

인터넷은 'TCP/IP' 라는 프로토콜을 사용하여 이를 통해 전세계 컴퓨터가 같은 통신 규약으로 통신할 수 있다는 점에서 PC 통신과 다릅니다.

인터넷과 PC 통신의 차이점	
인터넷	PC 통신
전세계 수백만 대의 컴퓨터와 연결되어 있다.	하나의 중앙 시스템을 사용한다.
지역적인 제한이 거의 없다.	지역적 제한이 있다.
연결된 기관들이 정보를 자발적으로 제공한다.	상업용 서비스가 대부분이다.
정보의 양이 많다.	정보의 양이 적다.
국외의 정보를 얻기 쉽다.	국내 정보에 국한된다.
멀티미디어 정보가 제공된다.	주로 문자 정보가 제공된다.

인터넷은 어떤 특징이 있나요?

프로토콜이란 통신 규약을 의미합니다. 서로 언어가 다르면 의사 소통을 할 수 없듯이 서로 다른 시스템 사이에서 자료를 전송할 때 특정한 규약이 없으면 자료를 공유할 수 없게 됩니다. 따라서 공통적으로 사용할 수 있는 통신 규약을 만들었는데 이것을 프로토콜이라고 합니다.

인터넷은 누구에게나 열려져 있는 자유로운 공간이라는 데 그 특징이 있습니다. 누구나 자신의 의견을 인터넷에 자유롭게 게시할 수 있으며 여러 가지 다양한 정보와 자료를 쉽게 구해서 사용할 수 있습니다.

인터넷은 처음부터 전체 네트워크를 관리하는 '중앙'이 존재하지 않는 분산적이고 개방적인 구조로 만들어졌습니다. 'TCP/IP'라는 공통된 프로토콜을 사용한다는 최소한의 조건만 갖추고 있으면, 어느 누구라도 제한 없이 인터넷에 참여할 수 있게 되어 있는 것입니다. 이러한 인터넷의 구조는 인터넷을 폭발적으로 확산되게 하는 기술적 원천이 되었습니다. 동시에, 이것은 인터넷에 대한 중앙 집중적인 통제가 원천적으로 불가능한 것임을 말해 주는 것입니다.

궁금한 것은 무엇이든지 물어 보세요~

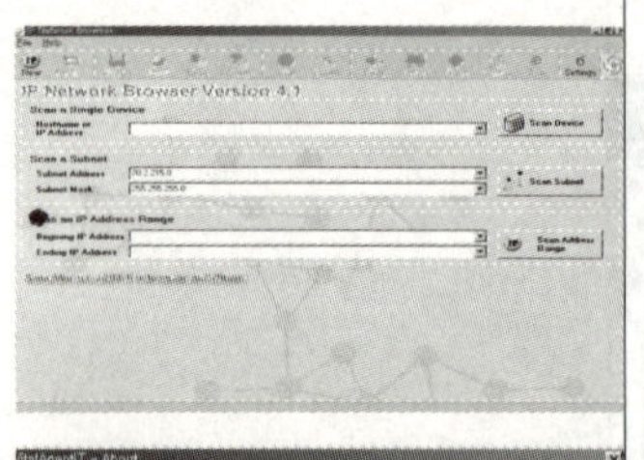

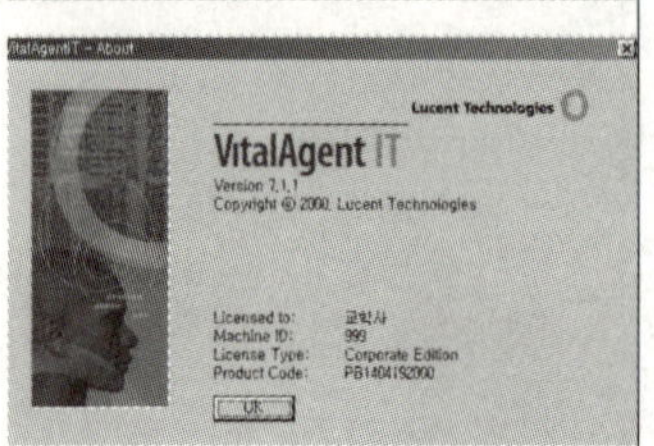

- **브라우저:** 웹문서들을 나타내고 응용 프로그램들을 구동시키는 사용자 도구
- **홈페이지:** 개인, 회사, 기관, 학교 등에서 이용하고 있는 일련의 페이지를 위한 시작 지점으로서, 브라우저가 보여 주는 첫번째 페이지
- **HTML:** 월드 와이드 웹 문서를 작성하는 언어
- **이미지:** 웹 페이지 상에 나타나는 그림 또는 그래픽
- **링크:** 텍스트나 그래픽의 클릭을 통해 다른 페이지로 이동하게 하는 것
- **사이트:** 웹 서버의 위치
- **URL:** 웹 자원들의 위치를 확인해 주는 주소(예: www.keris.or.kr)
- **검색 엔진:** 사용자가 지정한 용어로 검색하는 웹 소프트웨어

컴퓨터 용어들이 어렵게 느껴지세요? 하지만 컴퓨터 용어 가운데 많은 수는 다른 분야의 용어를 빌려쓰는 것입니다. 그러므로 알고 보면 매우 익숙한 용어가 많습니다.

- **교통 용어:** 엔진, 항해, 정보 고속도로, 서핑 등
- **요리 용어:** 메뉴, 쿠키 등
- **일상 생활 용어:** 링크, 네트, 사이트, 웹, 윈도 등
- **도서 용어:** 북마크, 브라우저, 홈페이지 등
- **동작 · 소리를 묘사한 용어:** 클릭, 드래그 등
- **중세 시대 용어:** 아이콘, 커서, 스크롤 등

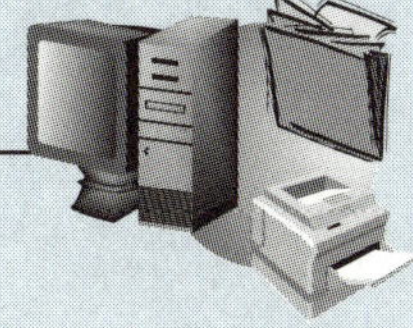

❷ 인터넷, 무엇이 좋고 무엇이 나쁜가?

요즘 인터넷에 대한 이야기들을 많이 합니다. 인터넷을 이용하여 사업을 한다고도 하고, 인터넷으로 물건을 산다고도 합니다. 모든 정보가 인터넷에 있다고도 합니다. 그런데 또 한편에서는 인터넷이 사회를 병들게 하고 있다고도 하고 인터넷이 우리 언어를 망가뜨린다고도 합니다. 도대체 인터넷은 어떤 점이 좋고 어떤 점이 문제가 되는 것일까요? 인터넷이 우리의 자녀들에게 미치는 좋은 점과 나쁜 점에 대하여 알아보기로 합시다.

 ## 인터넷을 잘 활용하면 어떤 점이 좋은가요?

▶▶▶ 최신 정보의 입수

컴퓨터를 통해 인터넷에 접속하기만 하면 손가락 하나로 각종 최신 정보를 거의 무제한으로 얻을 수 있습니다. 정치, 경제, 사회, 문화, 오락 등 각종 부문에 대한 풍부한 정보가 인터넷에 바로 올라와 있으며, 최신 정보로 자주 갱신됩니다. 세계 각국의 일간지, 주간지, 월간지 등의 뉴스와 소식을 바로 볼 수도 있습니다.

 **Tips**

인터넷을 통하여 다양한 최신 정보를 풍부하게 얻을 수 있습니다.

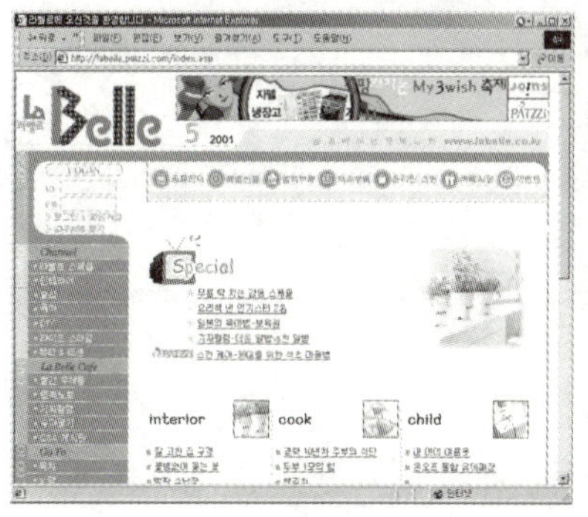

▶▶▶ 전자 우편

전자 우편을 통하여 국내는 물론 외국에 있는 사람들과도 쉽고 빠르게 편지를 주고받을 수 있습니다.

아이들은 이런 경험을 통해서 자신들과는 전혀 다른 전통과 문화가 존재한다는 사실을 자연스럽게 받아들일 수 있습니다.

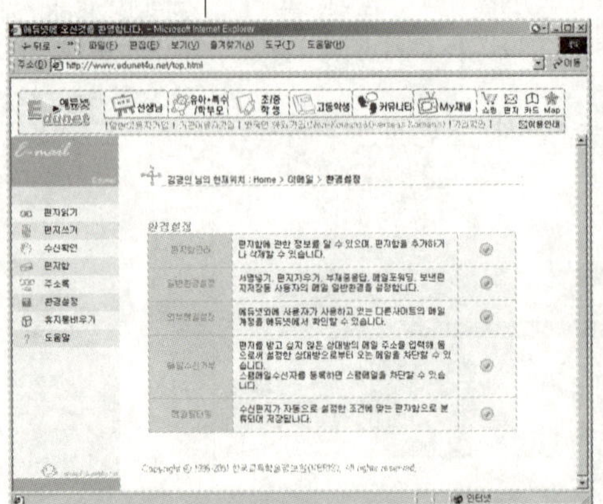

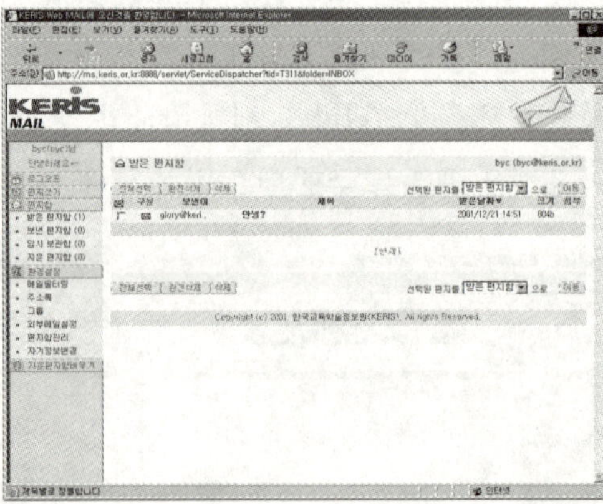

Tips

인터넷을 통하여 편지를 주고받을 수도 있고 공부를 할 수도 있습니다.

▶▶▶ 새로운 교육 기회의 제공

아이들은 교육 사이트에 접속하여 자신에게 필요한 많은 정보를 검색하여 학습할 수 있으며, 필요하다면 온라인상에서 교사의 지도를 받을 수도 있습니다.

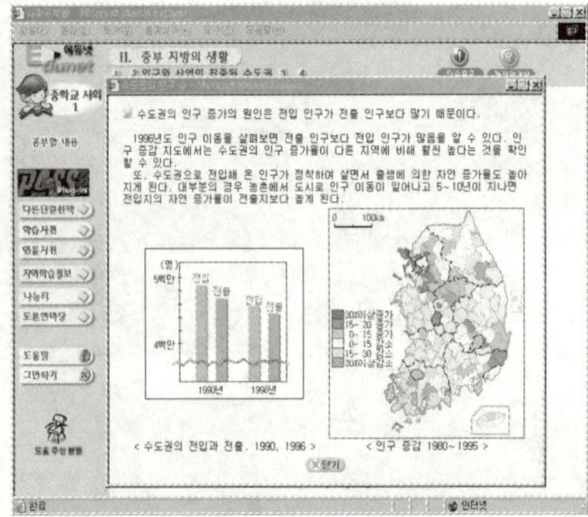

▶▶▶ 새로운 공동체 생활 경험의 제공

인터넷에는 특정한 분야에 대해 수많은 뉴스 그룹(Newsgroup)이 존재합니다. 뉴스 그룹은 공통 분야의 관심사를 가진 사람이 만든 토론의 장으로서, 일반 통신망의 게시판이나 동호회와 유사한 성격이라고 생각하면 이해하기 쉬울 것입니다. 음악, 영화, 연극, 여행 등 관심 분야의 포럼을 개설하거나, 이미 개설되어 있는 포럼에 들어가 전세계 동호인들과 만나 교류하면서 의견을 교환할 수 있습니다.

Tips

인터넷을 통하여 새로운 사람들과 만나 새롭고 다양한 정보를 나눌 수 있습니다.

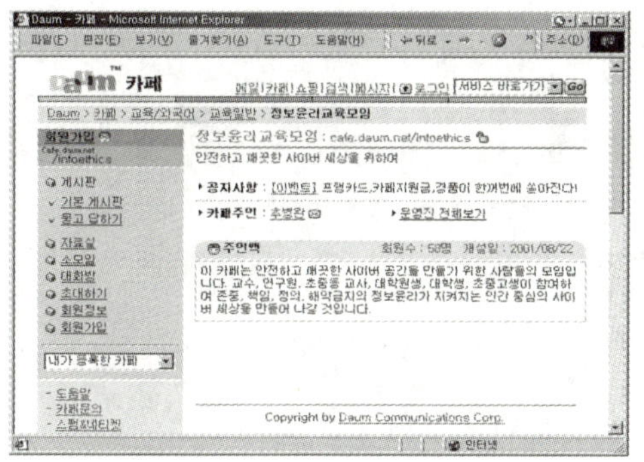

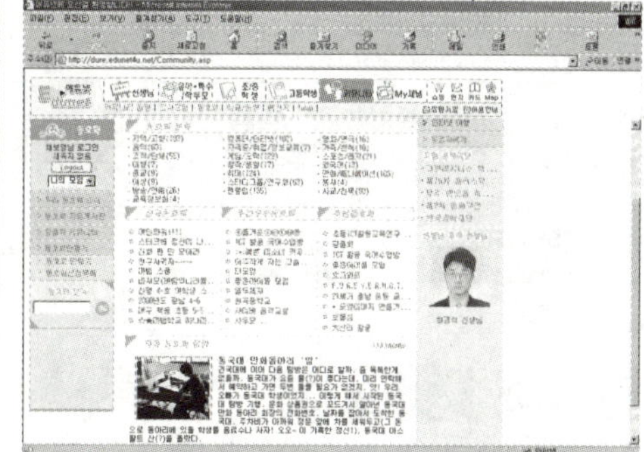

▶▶▶ 취미 생활과 오락 기회의 제공

인터넷을 통해서 다양한 예술 작품과 도서, 소프트웨어 프로그램, 게임 등을 접할 수 있습니다. 이전에 한번도 만나보지 못한 사람들과 함께 기발하고 흥미진진하게 정보를 나눌 수 있습니다.

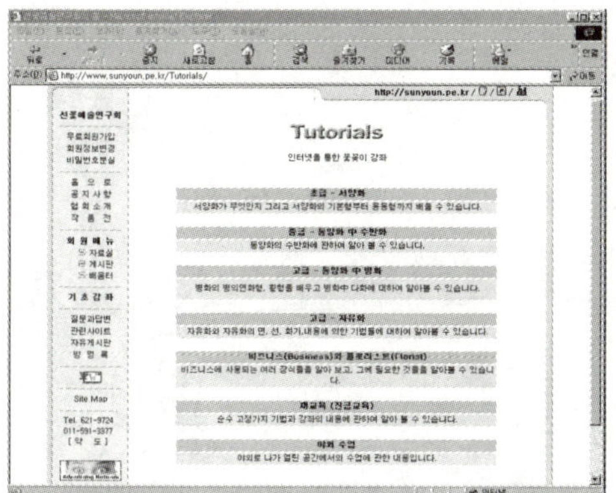

▶▶▶ 경제 절약

마이크, 스피커, 사운드 카드만 있으면 인터넷폰을 통해 저렴한 요금으로 국제 전화를 걸 수 있습니다. 또한, 인터넷으로 국내는 물론 국제 간에 채팅을 하거나 전자 회의를 할 수도 있습니다. 인터넷 TV를 이용하여 방송 내용을 시청하거나 라디오, 동영상 등 각종 멀티미디어 서비스를 즐길 수 있습니다. 인터넷을 이용하여 물건을 살 수도 있는데, 이 때는 유통비 등의 중간 비용이 절약되어 싼 가격에 물건을 살 수 있습니다.

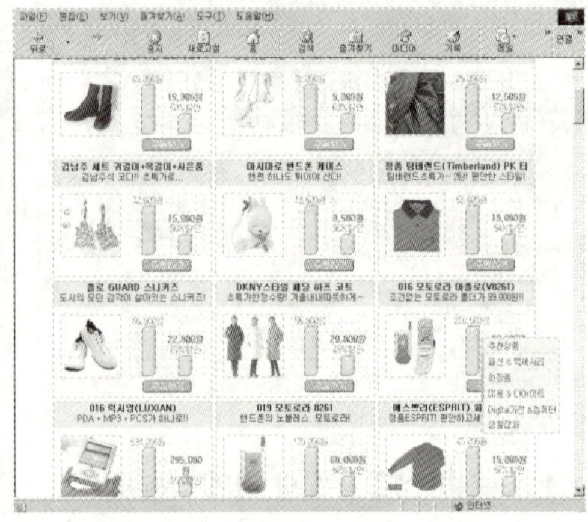

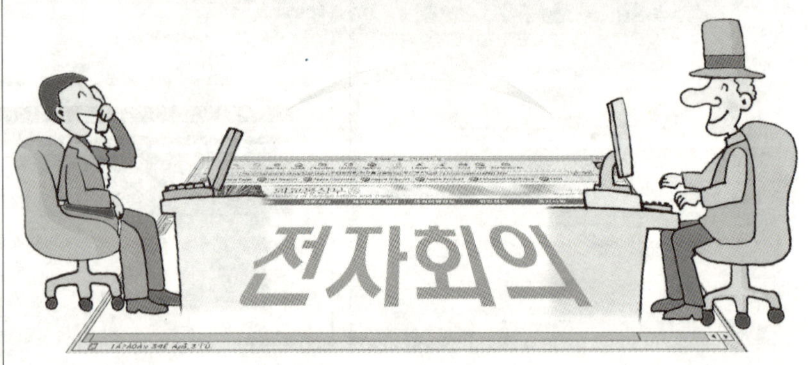

 ## 인터넷을 잘못 활용하면 어떤 점이 나쁜가요?

이렇게 좋은 점이 있는 반면, 인터넷에는 불건전하고 불법적인 활동과 관련된 내용도 함께 담겨 있어 사용자들에게 피해를 줄 수 있습니다. 특히, 우리의 자녀들이 그러한 내용을 접하게 되면 그 해로움이 어른들보다 더 크게 미치기 쉽습니다. 인터넷을 잘못 활용한 경우의 예를 좀더 구체적으로 알아볼까요?

▶▶▶ 불건전 정보의 유통

불건전 정보의 대표적인 예로는 음란성 정보, 폭력성 정보, 반사회적 정보를 들 수 있습니다. 반사회적 정보는 자살이나 폭탄 제조, 혐오스러운 엽기 사이트, 조직 폭력배 미화 사이트 등으로 사회적 가치 체계에 혼란을 가져오는 경우가 해당됩니다.

▶▶▶ 허위 정보 유포

행운의 편지나 단지 몇천 원만 내면 일확천금을 얻을 수 있다는 허황된 내용, 통신 사기 등이 있습니다.

▶▶▶ 정보 시스템 불법 침입·파괴

정보 시스템 해킹, 컴퓨터 바이러스 유포, 폭탄 메일 등을 들 수 있습니다. 해킹은 허락 없이 남의 컴퓨터 시스템에 몰래 들어가 시스템을 마음대로 이용하거나 중요한 파일을 꺼내보기도 하고, 파일 내용이나 데이터베이스를 지우거나 파괴하고, 심지어는 컴퓨터 시스템 전체를 마비시키는 행위입니다. 바이러스는 컴퓨터 프로그램을 조작하여 컴퓨터 시스템의 작동을 중단시키거나 중요한 파일을 지워 버리는 등의 피해를 주려는 나쁜 의도로 만들어진 컴퓨터 프로그램을 의미합니다. 폭탄 메일은 인터넷 상에서 특정 사용자를 괴롭히거나 네트워크나 서버 기능을 마비시킬 목적으로 대량의 메일을 계속해서 보내거나 큰 용량의 메일을 보내는 경우를 말합니다.

▶▶▶ 사생활 침해

이름, 주소, 주민 등록 번호, 학력 등 개인 신상 정보를 악용하는 행위로, 스팸 메일(원하지 않는 광고성 메일), 사이버 스토킹, 통신 사기 등이 대표적입니다. 몰래 카메라로 인한 개인 사생활 노출 행위도 이에 속합니다.

Tips

인터넷에는 유익한 정보 이외에도 음란·폭력 정보, 과대·허위 광고 등 불건전 정보도 많이 있어서 주의해야 합니다.

▶▶▶ 사이버 성폭력

사이버 성폭력은 사이버 공간에서 상대방의 의지와 무관하게 성과 관련하여 괴롭힘을 주는 행위로서, 사이버 음란물 전송, 사이버 성희롱, 사이버 성적 명예 훼손, 사이버 스토킹 등이 대표적입니다.

▶▶▶ 지적 재산권 침해

소프트웨어 및 멀티미디어 콘텐츠의 불법 복제, PC 통신이나 인터넷상의 정보(글, 디자인)의 무단 사용 등이 이에 속합니다. 소프트웨어 및 멀티미디어 콘텐츠의 불법 복제는 국내 관련 산업의 발전을 저해하고 통상 마찰의 빌미를 제공할 우려가 있습니다.

▶▶▶ 언어 폭력

인신 공격에서부터 욕설, 무례한 언행, 비방, 명예 훼손, 스토킹, 음란 대화 유도 등 다양한 형태가 대화방이나 게시판에서 많이 일어나고 있습니다.

Tips

인터넷이 발달하면서 인터넷에 등록된 개인 신상을 이용하여 광고 메일을 보내는 행위가 많아지고 있습니다. 인터넷에 개인 신상을 등록할 때에는 신중하여야 합니다.

▶▶▶ 채팅방을 통한 불건전한 교제

청소년 성매매(원조 교제)를 비롯하여 불건전한 남녀의 만남이 현실 공간에서의 성적 행위로 이어지고 있습니다.

▶▶▶ 언어 훼손

주로 대화방이나 게시판에서 나타나며 은어, 비속어 남발, 소리 나는 대로 쓰기, 축약어 사용 등으로 인해 건전한 언어 생활을 훼손하고 있습니다.

▶▶▶ 사이버 중독

지나치게 컴퓨터에 접속하여 심각한 사회적·정신적·육체적·금전적 지장을 받는 상태로서 의존성, 내성, 금단 현상을 그 특징으로 하고 있습니다. 사이버 중독은 온라인 게임에 몰두해서 생기는 게임 중독, 채팅에 빠지는 채팅 중독, 음란물에 빠지는 음란물 중독 등 다양합니다.

 **인터넷의 역기능으로 생기는 문제가 그렇게 심각한가요?**

인터넷으로 인하여 생기는 피해는 빠른 속도로 많은 사람들에게 퍼질 수 있으므로 생각하는 것보다 피해가 심각할 수 있습니다.

불건전 정보의 유통, 사이버 범죄의 증가, 은어 · 비어의 남용, 해킹, 컴퓨터 바이러스의 유포, 불법 복제 등은 인터넷의 대표적인 역기능 사례로 우리 사회에 큰 피해를 주는 것들입니다.

인터넷은 많은 부분이 공개적이고 개방적이며 익명성이 보장됩니다. 그런데 이러한 특징을 악용하여 불건전 정보의 유통 및 사이버 범죄가 날로 증가하고 있으며, 우리의 자녀들이 그 뒤에 무방비 상태로 놓여 있습니다. 또, 국경과 경계가 모호하여 사이버 공간에서 범죄 행위가 적발되더라도 사법 관할권 문제 등으로 인하여 법 집행이 어렵고, 관련 당사국들의 이해 관계가 복잡하게 관련되는 특징이 있습니다.

이처럼 사이버 공간 상에서 발생하는 범죄 행위의 경우, 신원 확인이 어렵거니와 법적 효력이 있는 문서 등이 없고 피해 사실에 대한 증거 확보가 쉽지 않아, 사고 발생 후 처벌이 곤란한 경우가 많습니다.

또한, 은어 · 비어 등의 남용은 건전한 국어 발전을 저해하며, 음란물의 전파는 성 윤리의 타락 및 저질 문화의 확산을 유발합니다. 그리고 해킹, 컴퓨터 바이러스, 악의적 소프트웨어의 유포 역시 사회 기반 시설을 무력화시켜 국가 안보 및 경제에 심각한 타격을 줄 수 있습니다.

인터넷 역기능은 산업 사회에서 정보 사회로 변화하는 과정에서 생기는 새로운 기술 및 문화에 대한 부적응 현상으로, 사회 규범 및 제도의 미성숙이 근본 원인입니다.

Part 1

❸ 건전한 인터넷 세상이 되려면?

인터넷을 바르게 사용하고 건전한 인터넷 세상을 만들기 위하여 반드시 필요한 것이 정보 통신 윤리입니다.

인터넷이라는 기술 자체가 우리 모두가 살기 좋은 세상인 컴퓨토피아를 만들어 내는 것은 아닙니다. 그 기술을 올바르게 사용할 수 있는 우리의 문화가 바로 컴퓨토피아를 만들어 내는 것입니다. 즉, 건전한 인터넷 세상이 되려면 정보 통신 기술을 올바르게 사용하려는 마음가짐이 우선 필요한 것입니다.

특히, 10대들은 인터넷을 자신들이 학교와 가정에서 못 하는 것들을 마음대로 할 수 있는 일종의 해방 공간으로 여기고 있으므로, 이들의 그릇된 인식을 올바르게 교정해 주어야 합니다. 그리기 위하여 필요한 것이 정보 통신 윤리입니다.

 ## 정보 통신 윤리란 무엇인가요?

윤리는 우리가 어떻게 살아야 하는지를 알려주는 규범입니다. 인간 사회의 질서를 유지시키는 효율적인 규범으로 법이 있지만, 법은 강제성을 띠어 인간 관계를 경직시키고 기술의 발전을 따라가지 못하여 한계에 부딪히기도 합니다.

윤리는 우리가 해야 할 것과 해서는 안 되는 것을 우리에게 분명하게 알려 줍니다. 윤리는 법에 비해 훨씬 보편적이며, 인간의 내면적인 행동까지도 자율적으로 규제할 수 있습니다.

인터넷과 같은 정보 통신 기술의 눈부신 발전으로 생긴 윤리적 문제들을 해결하는 데 필요한 것이 바로 정보 통신 윤리입니다. 정보 통신 윤리는 정보 사회에서 야기되는 윤리적 문제점들을 해결하기 위한 규범 체계로서, 단순히 정보 통신 기기를 다루는 것뿐만 아니라, 정보 사회를 살아가는 데 옳음과 그름, 좋음과 나쁨, 윤리적인 것과 비윤리적인 것을 올바르게 판단하여 행동하는 데 필요한 규범 체계입니다.

정보 통신 윤리는 인터넷의 발달로 발생하는 역기능과 비윤리적 문제를 해결하고 우리 사회를 바르게 지켜 나가기 위해 필요한 것입니다.

Part 1

정보 통신 윤리는 어떤 역할을 할까요?

인터넷으로 대변되는 정보 사회에서 정보 통신 윤리는 다음과 같은 역할을 수행합니다.

첫째, 정보 통신 윤리는 정보 사회에서 우리가 해야 할 것과 해서는 안되는 것을 선택하도록 도움을 주는 역할을 합니다.

둘째, 정보 통신 윤리는 앞으로 정보 통신 기술의 발전에 따라 생겨나게 될 윤리 문제에 대해 우리가 미리 생각하고 예방하도록 도와 주는 역할을 합니다.

셋째, 정보 통신 윤리는 정보 사회에서 우리의 행동이나 제도, 정책을 어떻게 바꾸어야 하는지 알려 주는 역할을 합니다.

넷째, 정보 통신 윤리는 인터넷을 통해 전세계적으로 연결된 세계 시민들이 지켜야 할 규범을 제시해 주는 역할을 합니다.

정보 통신 윤리의 필요성

- 정보화의 역기능으로 나타나는 불건전 정보 유통 및 컴퓨터 관련 범죄를 예방하기 위해서 정보 통신 윤리가 필요합니다.

- 정보 통신 기기를 올바르게 사용할 줄 아는 능력과 태도를 지니기 위해 정보 통신 윤리가 필요합니다.

- 인터넷이 만들어 낸 사이버 공간을 유익하고, 안전하며, 건전한 공간으로 만들기 위해 정보 통신 윤리가 필요합니다.

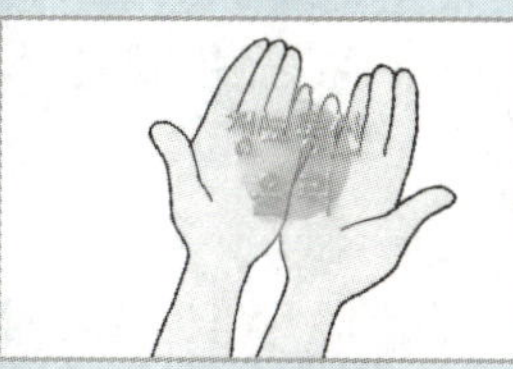

- 인터넷은 자유롭고 평등한 의사 소통을 가능하게 해 주지만, 익명성과 사회적 실재감의 결여로 말미암아 비윤리적인 행동을 유발하기 쉬운 속성을 가지고 있으므로, 정보 통신 윤리가 필요합니다.

　그러므로 우리가 정보 통신 윤리에 맞추어 행동한다면, 우리는 정보 사회에서 발생하는 부정적인 모습들을 미리 막을 수 있습니다. 예를 들어, 우리가 다른 사람의 지적 재산권을 존중해 주기 위하여 정품 소프트웨어를 구입하여 사용한다면, 소프트웨어 불법 복제와 같은 부정적 현상을 많은 부분 예방하거나 해결할 수 있을 것입니다.

네티즌 윤리 강령

정보 통신 환경의 변화에 따라 사이버 공간의 이용이 급증하고 있다. 네티즌은 사이버 공간에서 유익한 정보를 서로 나누고 건전한 인간 관계를 형성하며, 다양한 경험을 쌓는다. 또한 사이버 공간을 통해 정보 사회의 성숙한 인간으로 성장하며, 인류 사회 발전에 기여한다.

사이버 공간의 주체는 네티즌이다. 네티즌은 사이버 공간에서 표현의 자유와 권리를 가지고 있으며, 동시에 의무와 책임도 지니고 있다. 이러한 권리가 존중되지 않고 의무가 이행되지 않을 때 사이버 공간은 무질서와 타락으로 붕괴되고 말 것이다.

이에 사이버 공간을 모두의 행복과 자유, 평등이 실현되는 공간으로 발전시킬 수 있도록 '네티즌 윤리 강령'을 제정하고 이를 실천할 것을 다짐한다.

네티즌 기본 정신

- 사이버 공간의 주체는 인간이다.
- 사이버 공간은 공동체의 공간이다.
- 사이버 공간은 누구에게나 평등하며 열린 공간이다.
- 사이버 공간은 네티즌 스스로 건전하게 가꾸어 나간다.

행동 강령

1. 우리는 타인의 인권과 사생활을 존중하고 보호한다.
2. 우리는 건전한 정보를 제공하고 올바르게 사용한다.
3. 우리는 불건전한 정보를 배격하며 유포하지 않는다.
4. 우리는 타인의 정보를 보호하며, 자신의 정보도 철저히 관리한다.
5. 우리는 비속어나 욕설 사용을 자제하고, 바른 언어를 사용한다.
6. 우리는 실명으로 활동하며, 자신의 ID로 행한 행동에 책임을 진다.
7. 우리는 바이러스 유포나 해킹 등 불법적인 행동을 하지 않는다.
8. 우리는 타인의 지적 재산권을 보호하고 존중한다.
9. 우리는 사이버 공간에 대한 자율적 감시와 비판 활동에 적극 참여한다.
10. 우리는 네티즌 윤리 강령 실천을 통해 건전한 네티즌 문화를 조성한다.

-2000. 6. 15. 정보통신부, 정보통신윤리위원회

네티켓이란 무엇인가요?

인터넷을 안전하고 건전한 곳으로 만들기 위해서는 정보 통신 윤리와 더불어 예절이 필요합니다. 특히, 사이버 공간은 서로의 존재를 눈으로 확인할 수 없으므로, 예절에 어긋나는 행동을 하기 쉽습니다. 그러나 사이버 공간도 인간과 인간의 만남이 이루어지는 사회적 공간이므로 우리는 사이버 공간에서의 예절을 서로 잘 지킬 필요가 있습니다. 사이버 공간에서 지켜야 할 예절이 바로 네티켓입니다. 즉, 네티켓이란 사이버 공간에서 우리가 '해야 할 것'과 '해서는 안 되는 것'을 담고 있는 네트워크 에티켓(network etiquette)을 의미합니다.

네티켓의 근본 정신은 상대방의 인격을 존중하는 것입니다. 네티켓은 보이지 않는 상대방을 향한 자율적인 규범이라는 점에서 자신의 양심을 지키고 자신의 인간다움을 유지하는 일이기도 합니다. 인터넷에서 서로가 네티켓을 지키면 갈등이나 대립을 사전에 예방할 수 있습니다. 왜냐 하면, 네티켓의 근본 정신인 인격 존중이 지켜진다면, 상대방에게 피해를 주는 행위를 자제할 수 있기 때문입니다. 네티켓은 정보 통신 윤리의 규범들을 구체적인 상황에서 우리가 행동하기 쉽도록 규정한 규칙입니다.

또한, 네티켓은 서로의 인격을 존중하는 건전한 정보 문화를 만들어 내기 위해 우리의 숙고와 합의에 바탕을 둔 채 계속 만들어지는 것입니다.

알아두세요

에티켓이란 말은 사회적·공식적 삶에 필수적인 권위에 기초하여 규정된, 또는 좋은 가문에서 필수적으로 요구되는 예절을 의미합니다. 어원상으로 볼 때, 에티켓이란 말은 티켓(ticket)에 해당하는 프랑스어에서 유래된 것입니다. 그러므로 어떤 사람이 특정한 사회나 집단을 위한 에티켓을 알고 있다면, 그 사람은 그 곳으로 들어갈 수 있는 티켓을 가지고 있음을 의미합니다. 정보 사회에서 지켜야 할 **네티켓**은 정보 통신 기술이 만들어 낸 사이버 공간에서의 에티켓을 뜻합니다.

네티켓의 핵심 규칙

첫째, 상대방도 나와 같은 인간입니다.

둘째, 실생활과 동일하게 행동해야 합니다.

셋째, 자신이 접속한 곳의 문화에 어울리게 행동해야 합니다.

넷째, 다른 사람의 시간을 존중해야 합니다.

다섯째, 온라인에서의 자신을 멋지고 근사하게 만들어야 합니다.

여섯째, 전문적인 지식을 공유해야 합니다.

일곱째, 논쟁은 절제된 감정 아래 해야 합니다.

여덟째, 다른 사람의 사생활을 존중해야 합니다.

아홉째, 자신의 특권을 남용해서는 안 됩니다.

열째, 다른 사람의 실수를 관대하게 용서해야 합니다.

Part 1

정보 통신 윤리와 네티켓에 관한 도우미

- 바른 생활 인터넷: myhome.hananet.net/~aesops52
- 대전광역시 정보화 도우미: www.ithelper.or.kr/netiquette.html
- 쥬니어 네이버: safe.jr.naver.com
- 정보 윤리 교육 모임: cafe21.daum.net/infoethics
- 정보통신윤리위원회: www.icec.or.kr
- KidSafe Online: members.tripod.lycos.co.kr/kidsafe
- 학부모 정보 감시단: www.cyberparents.or.kr
- Clean Zone Project: cleanzone.giveu.net
- 남일초등학교 네티켓 교실: namil.netschool.ez.ro
- 추병완, 정보 윤리 교육론, 서울: 울력, 2001.
- 이태건 · 노병철 공역, 사이버 윤리, 서울: 인간사랑, 2001.
- 추병완 · 류지한 공역, 정보 윤리학의 기본 원리, 서울: 철학과현실사.
- 황경식 · 이창후 공역, 정보 기술의 윤리, 서울: 철학과현실사, 2001.
- 추병완 외 공역, 컴퓨터 윤리학, 서울: 한울, 1997.

우리 아이 이해하기

1 N세대 이해하기

2 아이들이 컴퓨터에 빠지는 이유는?

3 컴퓨터가 아이들에게 미치는 영향은?

우리 아이 이해하기

① N세대 이해하기

요즘 많은 부모들은 이구동성으로 예전에 비해 자녀를 키우는 것이 무척이나 힘들어졌다고 하소연합니다.

가람이 어머니의 고민

초등 학교 5학년인 가람이의 어머니는 요즘 걱정이 많으십니다. 가람이가 학교에서 늦게 들어오는 날이 많아졌기 때문입니다. 예전에 비해 용돈의 씀씀이도 자꾸 커지는 것 같습니다.

아마도 친구들과 PC방에 자주 가는 것 같은 눈치입니다. 집에서 인터넷을 할 수 있게 해 달라고 하도 졸라서 성화에 못 이겨 전용선을 깔아 주었더니, 늘 컴퓨터 앞에서 살고 있습니다. 컴퓨터 게임을 하는 시간을 엄격하게 정해 주자, 학원에 가는 척하고 PC방에서 몰래 게임을 하고 오는 경우도 있습니다.

그런가 하면 요즘 부쩍 어머니에게 대드는 경우가 많아졌습니다. 자기 일은 자기가 알아서 할 테니 간섭을 하지 말라고 합니다.

아무데서나 자기 생각과 느낌을 거침없이 이야기합니다. 힘들고 지겨운 것은 도무지 견뎌 내지 못하고 쉽게 포기해 버립니다. 때로는 무슨 뜻인지 도저히 알아들을 수 없는 은어를 사용하기도 합니다.

잠자리에 드는 시간도 일정하지 않은 것 같고, 무언가 비밀이 많아진 듯한 눈치입니다.

우리는 흔히 자식을 키우는 일을 농사에 비유하고 있습니다. 그래서 "그 친구는 자식 농사를 잘 했어!"라는 표현을 쓰기도 합니다. 농부가 뙤약볕 아래서 김을 매 주고, 거름을 주며 한 해의 풍년을 기약해 보지만, 때로는 예기치 못한 자연 재해로 울상을 짓는 일도 있습니다. 부모도 마찬가지입니다. 자신은 최선을 다하고 있다고 생각하는데도 불구하고, 자식이 자신의 기대에 못 미칠 때가 많습니다.

그러나 우리는 정말 최선을 다하고 있는 것일까요? 우리가 생각하는 기준이 아이들에게도 타당한 것일까요? 우리의 아이들은 우리가 자랐던 환경과는 근본적으로 다른 환경 속에서 새로운 생각과 가치관을 갖고 살아 간다는 사실을 생각해 본 적이 있습니까?

이제 우리는 아이들에 대해 걱정만 할 것이 아니라, 아이들을 이해하려는 노력을 해야 합니다. 우리가 흔히 튀는 세대, 발랄한 세대라고 부르는 이 아이들의 정체를 살펴보기로 합시다.

N세대의 특징

요즘 10대 아이들을 우리는 흔히 N세대(Net Generation)라고 부르고 있습니다. 원래 N세대라는 말은 미국의 돈 탭스콧(Don Tapscott)이라는 학자가 *Growing up digital*이라는 책에서 처음 사용한 말입니다. 그에 따르면, N세대는 나이로 볼 때 1977년 이후 태어난 세대로서 태어나면서부터 컴퓨터 문화에 길들여진 세대를 뜻합니다. 즉, N세대는 비디오 카메라, 비디오 게임, CD–ROM, 인터넷 등의 디지털 환경 속에서 자라난 세대를 뜻합니다. 한 마디로 말해, 요즘 우리 아이들의 일상적인 삶의 무대는 바로 네트워크입니다.

네트워크로 연결된 사이버 공간은 모든 수직적 권위를 거부하고 모두가 평등한 입장에서 수평적인 관계망을 무한대로 펼쳐 나갈 수 있습니다. 그러므로 아이들은 단순한 관객이나 청취자가 되기를 원하지 않습니

N세대는 태어나면서 컴퓨터 문화에 길들여져 있습니다. 네크워크로 연결된 사이버 공간에 익숙해 있는 그들은 능동적이고 독립적이며 새로운 것을 추구하고 자신의 개성을 중시합니다.

다. 그들은 자신들이 능동적으로 참여하는 것을 좋아합니다. 그들은 자기 나름의 독립적인 세계를 갖고자 합니다. 요즘 아이들은 새로움을 추구하는 세대라고 표현할 수 있습니다. 모험심과 탐험심이 풍부하고, 톡톡 튀는 아이디어와 풍부한 상상력, 창조 정신이 부모 세대와는 비교도할 수 없을 정도입니다. 아이들은 남과는 다른 것, 또는 차이가 있는 것을 좋아하고 변화와 혁신을 즐기는 경향이 있습니다. 즉, 아이들은 천편일률적이고 획일적인 삶을 거부하고 평균과 평준화를 거부합니다. 대신에 아이들은 자신만의 독특한 개성을 중시하고 있습니다.

요즘 아이들에게서 볼 수 있는 또 다른 특징은 자신의 생각과 느낌을 거침없이 말한다는 것입니다. 한 마디로, 요즘 아이들은 "싫어요!" 또는 "아니요!"라고 자신 있게 말하는 세대입니다.

아이들은 권위에 일방적으로 복종하거나 기존 가치를 그대로 수용하는 것을 매우 싫어합니다. 주변 상황에 아랑곳없이 자신의 성향과 관심, 주장과 의견에 비추어 볼 때 마음에 들지 않으면 거침없이 거부 의사를 나타냅니다.

일부 부모들은 도대체 아이가 공부를 하는 것인지 노는 것인지 구별할 수가 없다고 하소연합니다. 요즘 아이들은 공부도 일도 즐기는 세대입니

다. 요즘 아이들의 눈에는 일과 놀이, 그리고 공부가 따로 구분되지 않습니다.

　일하면서 공부하고 공부하면서 일하는 것이 특징입니다. 이것은 아이들이 모든 것에서 즐거움을 중시한다는 것을 뜻합니다.

　그러므로 우리는 아이들이 보여 주고 있는 부정적인 모습이나 역기능적인 측면만을 탓할 것이 아니라, 아이들이 가지고 있는 무한한 가능성과 잠재력을 인정해 주고, 아이들이 그것을 구현할 수 있도록 따뜻한 관심과 지원을 해 주어야 합니다. 또한, 그들이 무엇을 원하고 있는지, 무엇을 고민하고 있는지, 무엇을 걱정하고 있는지를 그들의 입장에 서서 적극적으로 이해하려는 자세를 가져야 합니다. 이제 우리는 '아이들은 부모의 소유물'이라는 낡은 사고 방식에서 벗어나, 그들이 독립된 인격 체임을 인정해 주고 자신의 가능성을 실현해 갈 수 있도록 적극적으로 도와 주어야 합니다.

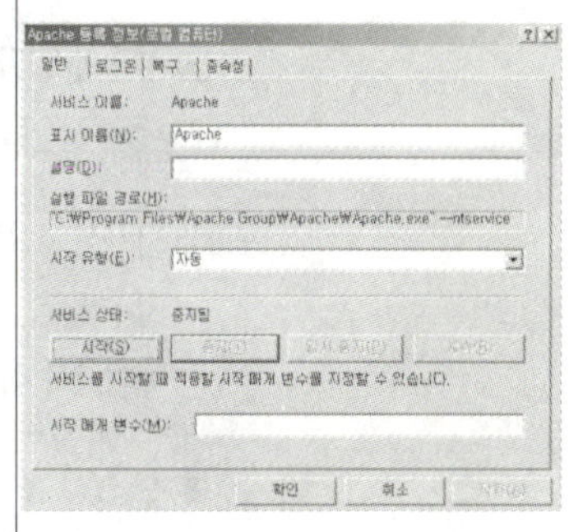

탭스콧 박사가 말하는 N세대의 열 가지 특징

① **극단적 독립심:** N세대는 간섭을 싫어하는 강한 독립심을 가지고 있다. 이러한 습성은 그들이 인터넷에서 그저 주어진 정보를 수동적으로 받아들이는 데 만족하지 않고 필요한 것을 스스로 찾으려는 적극성에서 나온다.

② **감성적·지적 개방성:** N세대는 인터넷을 통해 자신을 남에게 보여 준다. 그들은 높은 자긍심을 바탕으로 자신의 가장 내면에 있는 생각까지도 다른 사람들과 기꺼이 나누려고 한다.

③ **포용성:** N세대는 배타적이 아닌 포용적인 성향을 갖고 있다. 그들의 작품과 인터넷 가상 사회에의 국제적인 참여는 그들의 정보 추구나 활동, 커뮤니케이션이 국경을 초월한 세계화에 기반을 두고 있음을 보여 준다.

④ **자유로운 표현과 강한 주장:** N세대는 대화의 수준이나 연령에 선입관을 갖지 않는다. 그들은 정보의 소유나 의사 표현을 그들의 기본권이라고 생각한다.

⑤ **혁신:** N세대는 새로운 것을 숨쉬며 끊임없이 더 나은 것을 추구한다.

⑥ **성숙하기 위한 열정:** N세대는 어른들의 생각보다도 자신들이 훨씬 더 성숙해 있다고 주장한다. N세대는 자신들의 생각과 행동이 단지 어리다는 이유로 거부되는 것을 좋아하지 않는다.

⑦ **탐구심:** N세대는 모든 것을 탐구하고, 기존의 가정을 쉽게 믿지 않는다. 그들은 사물의 내부를 알고자 하는데, 이것은 기술적인 세부 사항을 이해하고자 한다기보다는 모든 것의 전제가 되는 가정을 이해하고자 하는 욕구이다.

⑧ **성급함:** N세대는 실시간(real time) 세상에 부합하는 신속성을 추구한다. 실시간이라는 개념은 정보의 입력과 출력이 즉시 일어나는 것을 의미한다.

⑨ **이익에 대한 민감성:** N세대는 자신이 창출하는 부의 정당한 몫만큼은 자신의 차지가 되어야 한다고 생각한다.

⑩ **사실 확인과 신뢰:** 인터넷을 통해 학습에 필요한 정보를 얻는 N세대는 그 정보의 출처에 대해 사실 확인을 하는 데에 익숙해 있다. 그들은 N세대 문화의 규칙을 지키며 정체성을 가지고 있는 사람들을 신뢰한다.

② 아이들이 컴퓨터에 빠지는 이유는?

집, 학교, 도서관, PC방 등 요즘 아이들 주변의 어디에서나 컴퓨터를 쉽게 찾을 수 있습니다. 아이들은 디지털 시대의 새로운 매체인 인터넷을 활용하여 일방향이 아닌 양방향적인 의사 소통을 하며, TV보다 컴퓨터를 좋아하고, 문서 편지보다 전자 우편에 더욱 익숙해져 있습니다. 다른 일에서는 집중력도 없어 보이고, 다소 게으른 듯한 모습을 보여 주기도 하지만, 웬일인지 컴퓨터 앞에만 있으면 높은 집중력과 부지런함을 보여 주기도 합니다. 친구와 만나 실제로 노는 것보다는 사이버 공간에서 얼굴도 모르는 친구와 채팅하는 것을 더 좋아합니다. 왜 아이들은 컴퓨터에 빠져들고 있을까요? 아이들이 컴퓨터에 빠져드는 이유를 알기 위해서는 컴퓨터가 만들어 내고 있는 사이버 공간의 특징에 대해 알 필요가 있습니다. 사이버 공간은 인간의 내면을 유혹하는 많은 요소들을

갖추고 있으므로, 아이들은 쉽게 컴퓨터에 빠져드는 것입니다.

첫째, 사이버 공간에는 아이들이 재미를 느낄 수 있는 다양한 내용이 들어 있습니다. 사이버 공간에는 영화, 연극, 음악, 미술, 오락, 게임, 스포츠 등 아이들의 마음을 사로잡는 흥미거리들이 무수하게 들어 있습니다. 현실 공간에서는 한 번에 여러 가지 재미를 느끼는 것이 어렵지만, 사이버 공간에서는 이 모든 것을 동시에 즐길 수 있습니다. 또한, 사이버 공간에는 현실 세계에서는 제대로 접근이 불가능한 성, 죽음, 파괴와 같은 금단의 내용에 대해서도 자유롭고, 쉽게 접근할 수 있어서 아이들은 사이버 공간에 빠져드는 것입니다.

둘째, 사이버 공간에는 많은 사람들이 존재하고 있습니다. 인종, 성별, 나이, 학력 등에 구애받지 않고 전세계의 사람들을 자유롭고 평등하게 만날 수 있는 장점이 있습니다. 게시판에 질문을 올리면, 아주 자세한 답변을 해 주는 친절한 사람들을 만날 수 있고, 그들과 밤새워 이야기를 나

눌 수도 있습니다. 그러므로 사이버 공간에서는 내 마음에 맞는 누군가를 언제든지 자유롭게 만날 수 있다는 희망이 자리잡고 있습니다. 이렇듯 아이들은 사이버 공간에서 따뜻한 인간의 정을 느끼므로 더욱더 사이버 공간에 빠지게 되는 것입니다.

셋째, 사이버 공간은 무한히 넓은 정보의 보고입니다. 밤새도록 돌아다녀도 미처 다 볼 수 없습니다. 이처럼 무한히 넓은 사이버 공간은 '모퉁이 효과'(corner effect)를 만들어 냅니다. 바로 저 모퉁이만 돌아가면 무언가 멋진 일이 있을 것만 같고, 그것이 마지막일 것이라는 생각을 갖게 합니다. 그러나 그 모퉁이를 돌아서는 순간 저 편에서는 새로운 모퉁이가 유혹하게 됩니다. 그러므로 아이들은 사이버 공간에서 쉽게 빠져나오지 못하는 것입니다.

넷째, 사이버 공간에서 아이들은 자신의 지배 욕구와 배설 욕구를 충족시킬 수 있습니다. 모든 것을 내 뜻대로 하기는 어려운 현실 세계와는 달리 인터넷에서는 마우스를 클릭하는 것 하나만으로 자신이 사이버 세계의 통치자가 될 수 있다는 생각을 갖게 만듭니다. 더구나 사이버 공간에서는 익명성이 보장되므로, 아이들은 현실 세계에서 이루지 못한 내면의 욕구들을 사이버 공간에서 쉽게 배설하게 되는 것입니다.

Tips

사이버 공간에는 무한히 많은 흥미거리가 있고, 그 곳에서는 다양한 사람들과의 만남이 가능하며 익명성이 보장되므로 아이들은 쉽게 인터넷에 빠져들게 됩니다.

3 컴퓨터가 아이들에게 미치는 영향은?

컴퓨터로 인해 자녀에게 어떤 문제가 발생하는 경우, 대부분의 부모들은 "그러면 컴퓨터를 사용하지 못하게 하면 되지!"라고 대답하십니다. 그러나 이것은 결코 올바른 해결책이 될 수 없습니다.

우리는 이미 컴퓨터에 상당히 의존하여 살고 있기 때문에 컴퓨터와의 접속 자체를 차단하는 것은 아이의 삶 자체를 위협하는 것이나 다를 바 없기 때문입니다.

그러므로 우리는 컴퓨터가 아이에게 미치는 긍정적인 영향과 부정적인 영향을 올바르게 파악하고, 부정적인 영향을 최소화할 수 있는 방안을 모색해야 합니다.

 ## 컴퓨터가 아이에게 미치는 영향에는 어떤 것이 있을까요？

컴퓨터는 우리의 생활을 편리하게 해 주는 도구입니다. 따라서 제대로 활용하기만 한다면 컴퓨터는 아이들에게 다음과 같이 긍정적인 영향을 주는 것이 분명합니다.

▶▶▶ 새로운 학습 도구로 활용됩니다

컴퓨터는 아이들에게 새로운 오락과 여가의 수단으로만 활용되지는 않습니다. 아이들은 컴퓨터를 통해 학습에 필요한 다양한 정보들을 구할 수 있고, 컴퓨터를 통해 수업을 받을 수도 있습니다. 정보의 바다라고 불리는 인터넷은 아이들이 학습에 필요한 다양한 정보들을 구할 수 있는 새로운 유형의 참고서라고 할 수 있습니다.

인터넷을 통해서 아이들은 다양한 정보를 구하고 학습 내용을 공부할 수 있습니다.

학교에서의 컴퓨터 이용

- **컴퓨터 보조 수업**: 교재와 칠판 대신에 컴퓨터를 이용하는 수업을 말합니다. 학습 자료를 컴퓨터 화면으로 보여 주고, 학생이 자판이나 마우스로 응답하는 방식으로 수업이 진행됩니다. 멀티미디어 자료를 활용함으로써 학습 효과를 높일 수 있고, 학생의 능력과 수준에 따라 개별 학습을 할 수 있는 장점이 있습니다.

- **컴퓨터 관리 수업**: 선생님이 컴퓨터를 통해 수업에 필요한 정보를 보관하고 관리하는 것을 의미합니다. 학습 지도 자료의 정리, 학생들의 성적 관리, 진로 지도, 교육 계획 등에 컴퓨터를 사용합니다.

- **웹 기반 학습**: 인터넷을 이용하여 공부하는 것을 의미합니다. 인터넷 상에 있는 수많은 정보 가운데는 학습 정보로 유용한 것들이 많이 있습니다. 또한, 특정 분야에 대한 체계적인 정보를 인터넷 상에 올려 놓고 학습을 진행할 수도 있습니다.

- **원격 교육**: 거리상으로 멀리 떨어져 있는 곳에서 컴퓨터 통신망이나 방송파 등을 이용하여 이루어지는 교육을 의미합니다. 컴퓨터나 TV의 모니터를 통해 선생님과 학생이 얼굴을 마주보면서 대화를 나누고, CD-ROM 등으로 제작된 다양한 학습물을 각자 실행하며, 다른 학생과 의견을 주고받거나 선생님과 학생 간에 질문과 대답이 이루어질 수 있습니다.

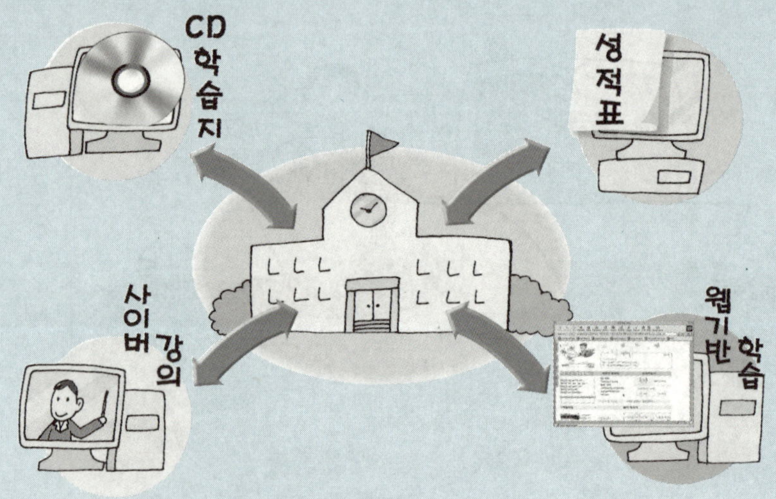

▶▶▶ 적극적인 사고 방식을 갖게 해 줍니다

아이들은 인터넷을 통해 자신의 의견을 자유롭게 표현할 수 있기 때문에, 보다 진취적이고 적극적이며 참여적인 성향을 갖게 해 줍니다. 예전에는 아이들이 자신의 목소리를 내는 것이 무척 어려웠습니다. 그러나 요즘 아이들은 인터넷을 통해 학내 문제나 사회 문제에도 적극적으로 참여하고 있습니다.

Tips

인터넷을 통해서 자신의 의견을 자유롭게 표현함으로써 아이들은 적극적인 사고 방식을 갖게 됩니다.

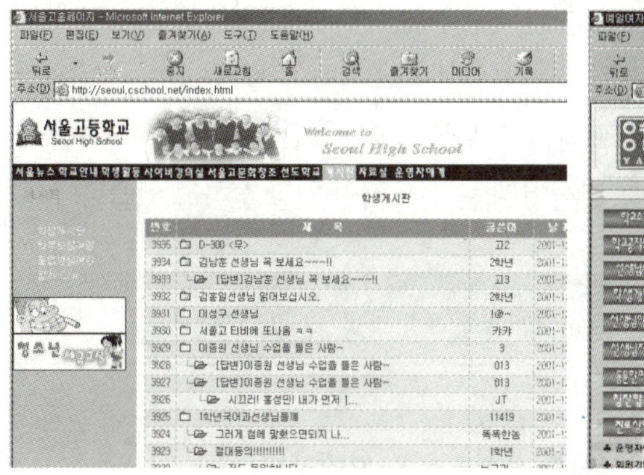

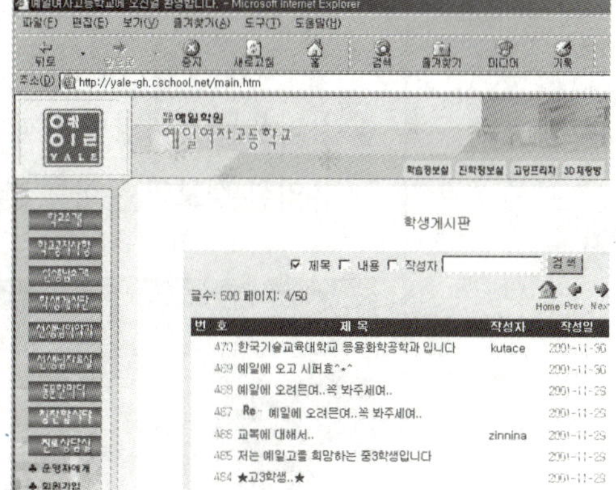

▶▶▶ 다양한 직업 세계를 탐색할 수 있게 해 줍니다

아이들은 컴퓨터를 통해 첨단의 정보 통신 기술을 자유롭게 접할 수 있습니다. 아이들은 이러한 기술의 수용을 통해 컴퓨터와 관련된 다양한 직업 세계를 탐색하고, 자신의 가능성을 실현시켜 나갈 수 있습니다.

▶▶▶ 유익한 정보와 문화의 생산자가 될 수 있게 해 줍니다

컴퓨터를 다루는 아이들은 과거처럼 정보나 문화의 소비자로만 남아 있지 않습니다. 아이들은 인터넷에서 동호회를 만들어 운영하기도 하고, 특정 정보를 모아 관심 있는 사람에게 제공하기도 합니다. 아이들은 이러한 활동을 통해 유익한 정보와 문화의 생산자가 되고 있습니다. 요즘 일부 고등 학생들은 음란물 차단 소프트웨어를 스스로 만들어, 음란물을 없애는 운동에 앞장서고 있습니다. 또한, 어떤 고등 학생은 컴퓨터 보안 프로그램을 개발·생산하는 벤처 회사를 운영하고 있습니다. 그 밖에도 많은 학생들이 다양한 홈페이지, 인터넷 방송, 웹진(인터넷 잡지) 등을 통해 유익한 정보와 문화를 만들어 내는 선도적인 역할을 하고 있습니다.

Tips

아이들은 인터넷에서 동호회를 운영하기도 하고 특정 정보를 모아 스스로 제공하기도 합니다. 아이들은 인터넷을 통하여 정보와 문화를 만들어 내는 선도적 역할을 합니다.

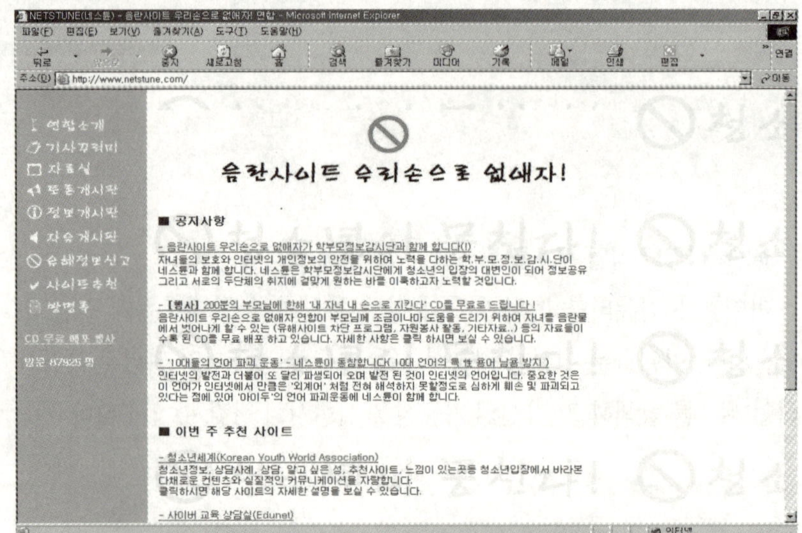

▶▶▶ 관용적이고 개방적인 세계 시민이 되게 해 줍니다

관용적이고 개방적인 성격을 갖춘 세계 시민이 되는 데 도움을 줍니다. 아이들은 인터넷을 통해 전세계의 사람들과 만나게 됩니다. 아이들은 문화적인 차이를 있는 그대로 수용하는 가운데 관용적이고 개방적인 태도를 갖춘 세계 시민으로 성장할 수 있습니다.

 **컴퓨터가 아이에게 미치는 부정적 영향은 어떤 것이 있을까요?**

컴퓨터는 아이들의 정신과 건강에 부정적인 영향을 미치기도 합니다. 컴퓨터 전문가들에 따르면, 컴퓨터 사용이 늘면서 아이들에게 다음과 같은 정신적 장애가 나타날 수 있다고 합니다.

Tips

지나치게 컴퓨터에만 빠지면 대인 관계에 문제가 생기기 쉽고 올바른 판단력을 갖추는 데 방해가 됩니다.

▶▶▶ 대인 접촉 기피증

컴퓨터에 빠져 혼자 지내는 시간이 많아지고, 이것이 습관화되면 컴퓨터와 함께 지내는 것이 더 편하게 느껴지기도 합니다. 이러한 대인 접촉 기피증은 원만한 가정 생활이나 친구 관계를 유지하는 데 방해가 되며, 우울증이나 주의력 결핍 등과 같은 개인적 문제를 일으키는 원인이 되기도 합니다.

▶▶▶ 감정 절제 부족

다른 사람과 만나는 기회가 줄어들면 다른 사람의 감정을 배려하는 능

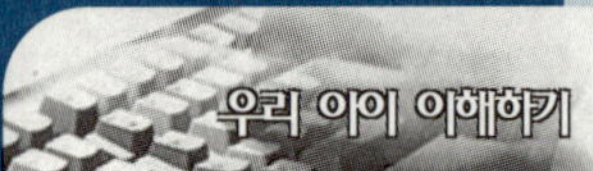

Part 2

력이 떨어져 올바른 대인 관계를 유지하기가 어려워집니다.

▶▶▶ 정보 과다

컴퓨터는 많은 양의 정보를 제공해 줍니다. 그러나 과도하게 제공되는 정보는 개인의 올바른 선택 능력을 떨어뜨릴 수도 있고, 정보의 과다로 인한 무기력증을 유발할 수도 있습니다.

▶▶▶ 정보 편식

우리들은 자신이 좋아하는 정보에 몰두하는 경향이 있습니다. 필요한 정보보다 좋아하는 정보에 몰두하는 것은 올바른 판단력이나 폭넓은 지식을 갖추는 데 바람직하지 못합니다.

Tips

너무나 많은 정보 속에서 좋은 정보, 필요한 정보를 찾아내는 것은 쉽지 않습니다. 또, 너무 많은 정보는 판단력을 흐리게 할 수도 있습니다. 따라서 꼭 필요한 정보를 찾아 활용하는 능력을 기르는 것이 중요합니다.

▶▶▶ 스트레스

컴퓨터 기술의 발전 속도는 매우 빠르게 이루어지고 있습니다. 하루가 다르게 등장하는 컴퓨터와 소프트웨어에 적응하기 위해서는 끊임없이 새로운 것을 소유하고 익혀야 합니다. 이 과정에서 남에게 뒤지지 않으려는 강박감으로 인하여 아이들은 정신적인 불편함과 스트레스를 겪기도 합니다.

▶▶▶ 사이버 중독

사이버 공간은 아이들의 다양한 욕구를 충족시켜 줄 수 있기 때문에 아이들이 사이버 공간에 중독될 가능성이 높습니다. 현재 우리 나라에서 조사된 연구 보고에 따라 어느 정도 차이는 있지만, 우리 나라 청소년 가

운데 적게는 9%에서부터 많게는 30%의 학생들이 사이버 중독의 증상을 보이고 있다고 합니다.

한편, 컴퓨터는 아이들의 신체적 건강에 좋지 않은 영향을 미칠 수 있습니다. 컴퓨터로 인해 신체상에 생길 수 있는 대표적인 문제로는 눈의 피로, 근육통을 들 수 있습니다. 최근에는 컴퓨터를 지나치게 오랫동안 사용함으로써 생기는 VDT(video display terminal) 증후군이 커다란 문제가 되고 있습니다.

VDT 증후군이란, 컴퓨터 작업으로 인하여 목이나 어깨 등 신체에 이상이 생기는 문제들을 일컫는 용어입니다. 정신 의학적으로는 우울증, 수면 장애, 두통 등이 대표적인 증세입니다. 그리고 근골격계 질환으로는 목, 어깨, 팔꿈치, 손목 및 손가락 등의 통증과 저림, 요통, 거북목 증후군 등이 있습니다. 아이들이 컴퓨터를 이용할 때 바르지 못한 자세, 오랜 시간 반복적인 자세, 좋지 못한 작업 환경 등이 이러한 증후군을 유발합니다.

알아두세요

VDT 증후군

- **거북목 증후군:** 거북목(turtle neck)이라는 용어는 머리가 앞으로 향한 꾸부정한 자세를 말한다. 오랜 시간 컴퓨터 모니터를 내려다봄으로써 유발되며 비록 수면 시간에는 이런 현상이 나타나지 않지만 하루하루 시간이 흘러감에 따라 아이의 머리는 더욱 앞으로 향하게 되고 그로 인해 자세도 변화하게 된다.

- **마우스 증후군:** 장시간의 컴퓨터 작업과 불편한 작업 자세로 손목 부위의 신경이 눌림으로써 발생하는 수근관 증후군을 의미한다. 수근관 증후군이란 손목 인대 사이를 주행하는 신경에 너무 많은 압박이 가해질 때 일어나는 신경 계통의 질환으로 손가락이 아프고 힘이 없어지며 심한 경우에는 감각이 저하되고 근육이 위축되기도 한다.

　　오랜 시간 컴퓨터의 사용으로 인하여 신체상의 문제가 있을 때에는 자녀와 함께 컴퓨터 관련 질환 연구소(www.vdt.co.kr) 홈페이지를 방문하여 필요한 정보를 얻으세요. 그리고 컴퓨터 관련 질환을 위한 체조를 아이와 함께 배워서 실제로 해 보세요.

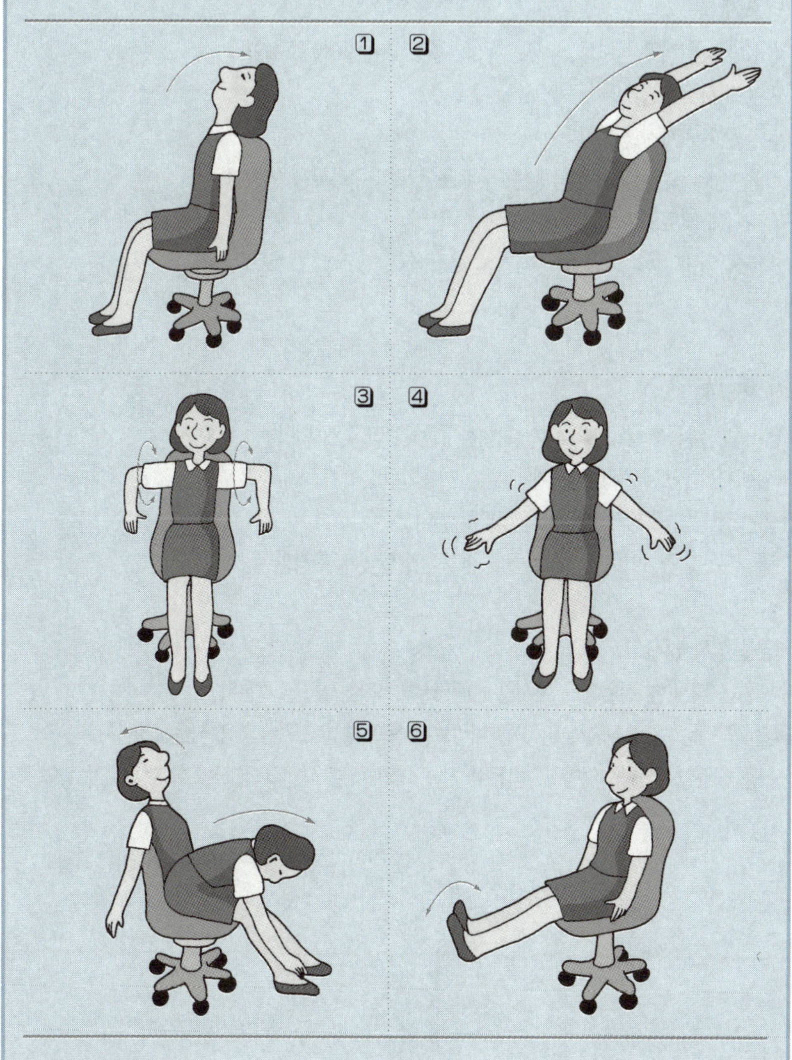

컴퓨터로 작업할 때에는 이렇게 하세요

올바른 컴퓨터 작업 자세

- 눈높이는 화면의 상단과 일치할 정도로, 화면은 뒤로 약간 젖혀지도록 조정한다.
- 모니터는 보기 편한 위치로 조정한다.
- 키보드는 조작하기 편한 위치에 놓는다.
- 손목 받침대를 사용하여 손목 근육의 부담을 줄여 주고 손목의 근육통을 예방한다.
- 발바닥은 전체가 바닥에 닿도록 한다.
- 등받이에 등을 충분히 기댄다.
- 의자 깊숙이 앉는다.

컴퓨터 작업 환경은 이렇게

- 보기에 적당한 밝기로, 실내와 작업대의 밝기 차이를 가능한 한 작게 한다.
- 태양 광선이 직접 비치지 않도록 블라인드나 커튼을 사용한다.
- 화면에 조명 기구나 창 등의 물체가 반사되지 않도록 한다.
- 작업 개시 전 조명 기구, 화면, 키보드, 의자 등을 점검하여 알맞게 조정한다.

연속 작업은 한 시간을 넘지 않게

- 연속 작업은 한 시간을 넘지 않도록 하고 매시간 10~15분의 휴식 시간을 갖는다.
- 컴퓨터 작업 휴식 시간에는 편히 쉬면서 먼 곳을 바라보는 등의 방법으로 눈의 휴식을 취한다.
- 체조나 스트레칭 등 적당한 운동을 행하고, 컴퓨터 작업 외의 다른 작업과 잘 조합하여 피로가 쌓이지 않게 한다.

-출처: 정보통신윤리위원회, 정보통신윤리, 2001년 6월호

건전한 인터넷 활용을 위한 자녀 지도 요령

1 나부터 바꾸자

2 음란물로부터 우리 아이 지키기

3 게임에 빠지지 않게 하기

4 전자 우편과 대화방을 건전하게 이용하기

5 사이버 공간에서 자신을 보호하는 방법을
  가르쳐 주기

건전한 인터넷 활용을 위한 자녀 지도 요령

① 나부터 바꿔자

자녀 교육에 있어서 가장 중요하면서도 손쉬운 방법은 부모가 모범을 보여 주는 것입니다. 부모는 자녀의 인격 형성에 가장 중요한 영향을 미칠 수 있는 본보기 대상입니다. 또한, 아이들은 부모의 행동을 가장 가까운 곳에서 살펴보는 관찰자입니다. 그러므로 인터넷 시대에 자녀를 건전하고 안전하게 키우기 위해서는 부모 스스로가 모범을 보여야 합니다.

네티즌이 되어 보세요

우선 부모님 스스로가 컴퓨터를 이용할 줄 아는 네티즌이 되는 것이 매우 중요합니다. 부모가 컴퓨터를 사용할 줄 알면 자녀를 훨씬 쉽게 지도할 수 있습니다. 대부분의 부모들은 컴퓨터에 두려움을 갖고 있습니다. 그러나 처음부터 모든 것을 잘 하는 사람은 매우 드뭅니다. 지금 컴퓨터 전문가라고 불리는 사람들도 처음 배울 때에는 여러분처럼 많은 어려움을 겪었습니다. 그러므로 컴퓨터를 배우는 것에 대해 전혀 두려워할 필요가 없습니다.

또한, 요즘에는 컴퓨터를 무료로 배울 수 있는 곳이 많이 있습니다. 가까운 동사무소에서도 컴퓨터를 배울 수 있을 정도입니다. 한국정보문화센터 홈페이지(http://www.icc.or.kr)를 통해 무료로 컴퓨터를 배울 수 있는 가장 가까운 장소를 확인해 보고, 컴퓨터를 배우는 일에 한 번 도전

해 보세요. 부모가 컴퓨터를 이해하고, 인터넷을 생활에 유용하게 활용하면, 자녀와의 거리감을 좁힐 수 있고, 자녀와의 대화 내용이 더욱 풍부해지며, 자녀들을 보다 잘 이해할 수 있습니다.

첫인상과 첫만남이 중요합니다

우리가 세상을 살아가는 데 첫인상 또는 첫만남은 매우 중요합니다. 컴퓨터와의 만남도 마찬가지입니다. 만약 컴퓨터와의 첫만남이 도박으로 이어진다면, 여러분은 컴퓨터를 도박을 위한 도구로 여기기 쉽습니다. 특히, 아이들은 컴퓨터를 게임 도구로 여기는 경향이 많이 있습니다. 따라서 컴퓨터 또는 인터넷과 아이의 첫만남이 유익한 자리가 될 수 있도록 해야 합니다.

어느 부모의 말을 직접 들어 봅시다.

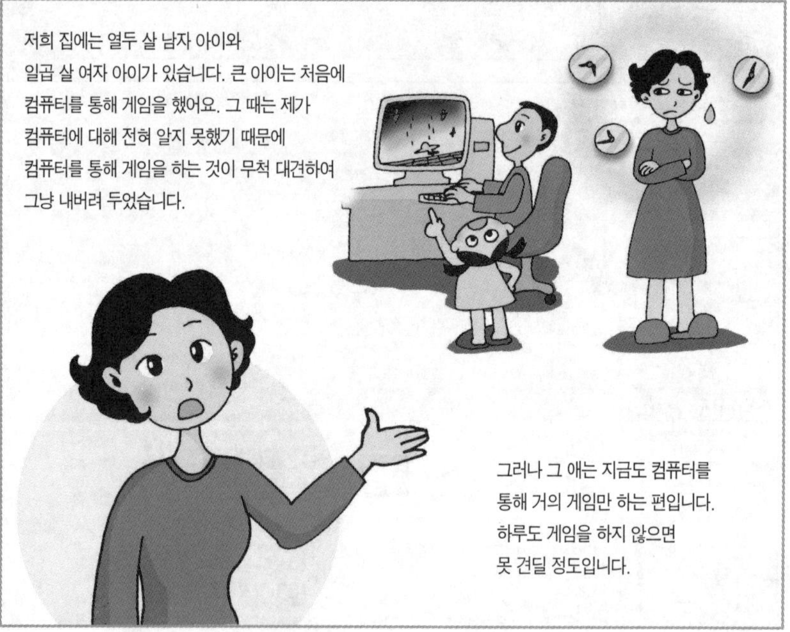

제가 동사무소에 나가서 컴퓨터를 배운 후에는 모든 것이 달라졌습니다.
저 스스로가 컴퓨터를 통해 할 수 있는 일을 알게 되자, 아이를 지도하는 것이 훨씬 쉬워졌습니다.

둘째 아이에게는 제가 직접 컴퓨터를 가르쳐 주었습니다. 그 애와 컴퓨터와의 첫만남은 공부를 하는 것이었습니다. 교육 사이트에 접속하여 한글과 영어를 배우게 하고 노래도 배우게 했습니다.

이제 둘째 아이는 시키지 않아도 자기 혼자 컴퓨터를 가지고 공부합니다.

또한 전자 우편 계정을 만들어 주었더니 지방에 내려가 근무하는 아빠에게 안부를 묻는 전자 우편을 보내기도 합니다.

언젠가는 제가 잘 알지 못했던 동영상 전자 우편을 제게 보내 온 적이 있습니다. 스스로가 터득한 것이지요.

제가 보기에는 아이와 컴퓨터가 처음에 어떻게 만나는가 하는 것이 가장 중요한 것 같아요.

컴퓨터를 가족의 공유물로 사용하세요

　어떤 부모들은 컴퓨터가 아이의 소유물이고 아이들 때문에 필요한 것이라고 생각하고 있습니다. 이것은 아주 잘못된 생각입니다. 컴퓨터는 가족 구성원 모두가 이용하고 공유하는 정보 생활의 도구가 되어야 합니다. 이를 위해서는 컴퓨터를 가족들이 공동으로 이용할 수 있는 공간에 배치하는 것, 가족 전체의 컴퓨터 사용 시간표를 만들어 활용하는 것, 컴퓨터를 게임이나 채팅을 위한 도구로만 사용하지 못하게 하는 것 등이 필요합니다.

- 먼저 학습을 도와 주는 사이트에 접속하거나 학습용 CD를 구입하여 자녀와 함께 컴퓨터를 통한 학습을 해 보세요.

- 인터넷은 유익한 정보를 쉽게 구할 수 있는 도구임을 가르치고 함께 검색해 보세요.

- "이런 자료가 필요한데, 네가 인터넷에서 자료를 구할 수 있니?"라고 부탁하여, 자녀가 인터넷을 통해 정보를 검색해 볼 수 있는 기회를 자주 주세요.

- 컴퓨터와 관련된 행사나 전시회에 함께 가 보세요.

- 자녀들과 컴퓨터와 관련된 대화를 자주 나누세요.

- 자녀들과 전자 우편을 통해 평소 하지 못했던 대화를 시도해 보세요.

- 가족들이 함께 할 수 있는 컴퓨터 게임이나 활동거리 등을 만들어 보세요. 예를 들어, 아이들과 함께 가족 홈페이지를 만들어 볼 수 있습니다.

 자신의 컴퓨터 이용 습관을 점검해 보세요

부모들 가운데 일부는 컴퓨터를 아주 그릇되게 사용하고 있습니다. 한동안 우리 나라에서는 사이버 주식 투자가 인기를 끈 적이 있습니다. 요즘에는 주부들 사이에서 채팅이 유행처럼 번지고 있습니다. 그런가 하면 성인 사이트, 경매 사이트, 홈쇼핑 사이트에 접속하여 가정 생활에 지장을 초래할 정도로 여러 가지 문제를 일으키는 부모들도 있습니다. 만약 부모들이 인터넷에 중독되어 있다면, 자녀를 올바르게 지도하는 것 자체가 매우 어려워질 수 있습니다. 그러므로 여러분 스스로가 인터넷에 중독되지 않도록 해야 합니다.

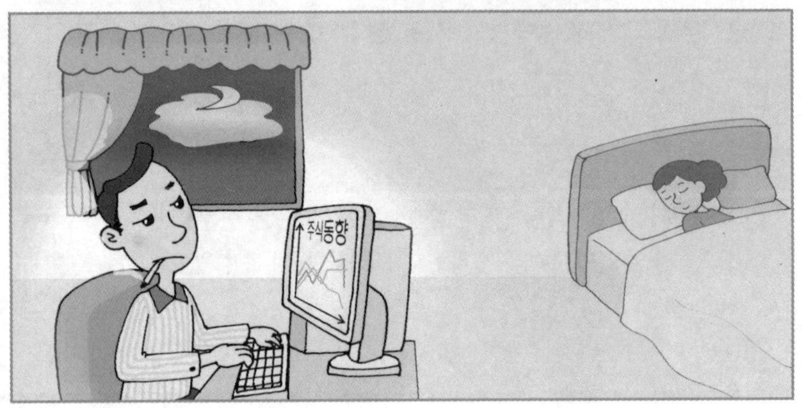

체크해 보세요

이 검사지는 인터넷 중독의 심각성을 알아보기 위한 것입니다. 솔직하게 응답하여 주시기 바랍니다.

《응답 요령》

• 자신의 생각과 일치하는 번호에 'V' 표시를 해 주십시오.
  ① 전혀 아니다 ② 드물지만 있다 ③ 가끔 있다 ④ 자주 있다 ⑤ 항상 그렇다

• 표시를 모두 한 다음에는 응답한 번호의 숫자를 모두 더하여 총점을 내어 주시기 바랍니다. 그 다음에 채점 결과를 확인하기 바랍니다.

질 문	1. 전혀 아니다	2. 드물지만 있다	3. 가끔 있다	4. 자주 있다	5. 항상 그렇다
1. 원래 마음먹은 생각보다 더 오랫동안 인터넷을 하게 된 적이 있습니까?					
2. 인터넷 때문에 가족 일을 소홀히 한 적이 있습니까?					
3. 가족과의 관계보다 인터넷에서 더 흥미를 느낀 적이 있습니까?					
4. 인터넷 상에서 친구를 만들어 본 적이 있습니까?					
5. 인터넷 하는 것 때문에 잔소리를 들은 적이 있습니까?					
6. 인터넷 사용 때문에 가정 생활에 문제가 생긴 적이 있습니까?					
7. 해야 할 다른 일을 하기 전에 먼저 전자 우편을 점검하고는 합니까?					
8. 인터넷 때문에 잘 하던 일을 더 못 하게 된 적이 있습니까?					
9. 인터넷에서 무엇을 했느냐고 물었을 때 숨기거나 변명을 하며 얼버무린 경험이 있습니까?					
10. 인터넷에 대한 생각으로 인해 고민되는 문제를 잊은 적이 있습니까?					
11. 인터넷 사용 후 다시 온라인에 접속할 때까지의 시간을 기다린 적이 있습니까?					

Part 3

질 문	1. 전혀 아니다	2. 드물지 만 있다	3. 가끔 있다	4. 자주 있다	5. 항상 그렇다
12. 인터넷이 없는 생활은 따분하고 공허하며 재미없을 것이라고 두려워한 적이 있습니까?					
13. 온라인에 접속했을 때 누군가가 방해하면 소리를 지르거나 화를 내거나 귀찮은 듯이 행동한 적이 있습니까?					
14. 밤늦게까지 접속해 있느라 잠을 못 잔 적이 있습니까?					
15. 인터넷을 하지 않을 때 인터넷에 정신이 팔려 있거나 다시 온라인에 접속해 있는 듯한 환상을 느낀 적이 있습니까?					
16. 인터넷에 접속해 있을 때, "몇 분만 더"라고 말하며 시간을 허비한 적이 있습니까?					
17. 인터넷 사용 시간을 줄이려고 노력했지만 실패한 적이 있습니까?					
18. 인터넷 사용 시간을 숨기려 한 적이 있습니까?					
19. 모두가 외출할 때 인터넷을 하기 위해 집에 남아 있겠다고 한 적이 있습니까?					
20. 인터넷을 하지 않을 때는 우울하고 신경질적이 되었다가 다시 인터넷을 하면 기분이 나아지는 경험을 한 적이 있습니까?					

▶▶▶ 채점 결과

- **20-39점:** 평범한 인터넷 사용자입니다. 때로는 너무 오래 웹에서 서핑을 하기도 하지만, 현재는 인터넷 사용을 자신이 조절할 수 있는 상태에 있습니다.

- **40-69점:** 문제가 있는 인터넷 사용자입니다. 인터넷 때문에 문제가 생긴 적이 많은 상태입니다. 그러한 문제들이 실제 생활에 어떠한 영향을 미쳤는지 진지하게 생각해 보아야 합니다.

- **70-100:** 인터넷 때문에 중대한 문제가 발생하고 있는 심각한 사용자입니다. 지금 당장 이 문제를 해결하기 위해 전문가의 도움을 받아야 합니다.

설마가 사람 잡을 수 있습니다

어떤 부모들은 자녀들에 대해 필요 이상의 낭만적인 생각을 갖고 있습니다. 자녀에 대한 믿음과 사랑은 바람직하지만, 그것이 맹목적인 믿음이거나 사랑일 경우에는 문제를 일으킬 수도 있습니다. 인터넷을 통한 유해 정보는 나이와 성별에 상관없이 무차별적으로 우리의 귀한 자녀들을 공격해 올 수 있습니다.

따라서 우리의 자녀가 안전할 것이라는 생각을 무조건 갖는 것은 매우 위험한 발상일 수도 있습니다.

Part 3

② 음란물로부터 우리 아이 지키기

 **컴퓨터 음란물이란 구체적으로 무엇을 말하나요?**

요즘 부모들의 가장 큰 고민 중 하나는 아마도 컴퓨터 음란물일 것입니다. 2001년 8월 정보통신윤리위원회에서 초등 학생 1,000명을 대상으로 인터넷을 통해 조사한 바에 따르면 초등 학생의 68.3%가 인터넷 음란 정보에 접촉한 것으로 밝혀졌습니다. 특히, 스스로 음란물을 유포한 어린이도 19.8%나 되는 것으로 나타났습니다.

일반적으로 음란물이란 성적 충동을 일으키게 하는 이성의 나체, 성행위 장면이 담긴 사진, 비디오, 소설, 만화, 그림 등을 말합니다. 그리고 음란 사진, 음란 소설, 음란 비디오 형태의 음란물을 컴퓨터를 이용해 볼 수 있게 프로그램 파일로 변환시키거나 컴퓨터의 특성을 적용해 제작된 음란물을 컴퓨터 음란물이라고 합니다. 컴퓨터 음란물은 컴퓨터와 PC 통신, 인터넷의 특성상 복제와 전송이 쉽기 때문에 시간과 공간의 제약을 벗어나 전세계에 파급되고 있는 실정입니다.

그러므로 요즘 아이들은 컴퓨터 음란물에 거의 무방비로 노출되어 있는 상태와 마찬가지입니다. 컴퓨터 음란물을 즐기는 학생들에 따르면, 컴퓨터 음란물을 구하기가 쉽고, 부모님의 눈치를 보지 않아도 되며, 컴퓨터 음란물을 볼 때 현실감이 더 많이 느껴진다는 의견이 많다고 합니다.

특히, 인터넷을 통해 유통되는 음란물들은 일반적인 성인물과는 달리 대부분 적나라한 성 행위, 강간, 근친 상간, 변태적인 성 행위, 동성애, 집단 성 행위 등 일반적인 상식으로는 도저히 이해하기 힘든 내용이 많습니다.

알아두세요

음란물이 주로 유통되는 곳

- **성인용 전자 게시판:** 성인용 전자 게시판은 대부분 상업적인 목적으로 운영되기 때문에 경제적인 능력이 없는 아이들이 접속하기는 쉽지 않습니다.

- **유즈넷 뉴스 그룹:** 유즈넷 뉴스 그룹이 익명으로 불법적인 음란물을 거래할 수 있는 장소로 변질되고 있습니다. 이 곳은 내용을 열람하는 데 아무런 비용도 들지 않습니다. 유즈넷은 누구든지 자유롭게 문서나 그림 파일을 올릴 수 있기 때문에 음란물에 중독된 사람들이 자신이 가지고 있는 자료들을 올리고 다른 사람의 자료를 무료로 교환할 수 있습니다.

- **월드 와이드 웹(www):** 대부분의 음란 사이트들은 일단 접속하면 사용자가 18세를 넘었는지 확인합니다. 그런데 이것은 형식에 불과한 절차여서 사용자가 아무리 어려도 '예'(yes)를 클릭하기만 하면 홍보용 무료 사진을 볼 수 있으며 결제용 신용 카드 번호와 비밀 번호의 입력을 요구받게 됩니다. 물론 일부 사이트들은 사용자의 나이를 확인하는 절차를 거친 후에 홍보용 무료 사진을 보여주기도 하지만, 이것은 그나마 양심적인 경우에 속합니다.

- **대화방(채팅방):** 인터넷에서 무료로 이용할 수 있는 서비스 중 하나가 대화방입니다. 대화방도 이기적인 사람들로 인하여 악용되고 있으며 자신의 성적 욕망을 채우려는 사람들이 대화방 이곳 저곳을 헤매고 있습니다. 그런데 문제는 이들을 제재할 만한 방안이 거의 없다는 것입니다.

- **비디오 컨퍼런스(video conferences):** 인터넷을 통한 화상 전달 기술이 발달되면서 인터넷을 통해 다른 곳에서 일어나는 상황을 실시간으로 관람하는 것이 가능하게 되었습니다. 이러한 기술 발달로 자신의 컴퓨터에 설치된 동영상 카메라 앞에서 어떤 행동을 하면 다른 사람들은 그 상황을 실시간에 볼 수 있게 됩니다.

-출처: 정보통신윤리위원회

아이들은 컴퓨터 음란물에 어떻게 접촉할까요?

아이들은 대부분 친구들을 통해서 컴퓨터 음란물에 접하게 됩니다. 초등 학생이나 중학생 사이에서 컴퓨터 실력이 뛰어난 학생이 컴퓨터 음란물을 인터넷을 통해 구하고, 친구들에게 빌려 주거나 복제하여 확산시키는 경우가 많습니다. 정보통신윤리위원회에서 조사한 바에 따르면, 아이들이 음란물에 접촉하는 주요 경로는 다음과 같습니다.

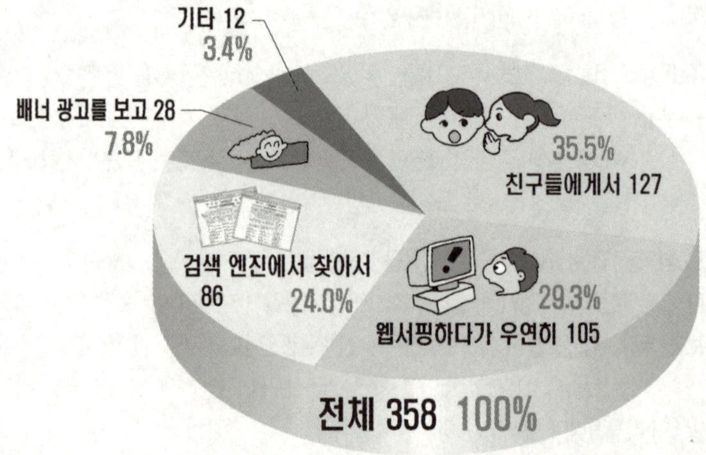

–출처: 정보통신윤리위원회, 2001. 8

그림을 보면 알 수 있듯이 친구들을 통해서 음란물을 접하는 경우가 가장 많고, 웹 서핑을 하다가 우연히 음란 사이트로 연결되는 경우도 많습니다. 어린이들을 위한 사이트에서조차 두세번 정도의 클릭으로 음란 사이트에 연결되는 경우가 있습니다.

배너 광고 역시 마찬가지입니다. 이렇게 우연히 방문하게 되는 경우는 어른들이 조금만 신경쓰면 얼마든지 막을 수 있는 것입니다.

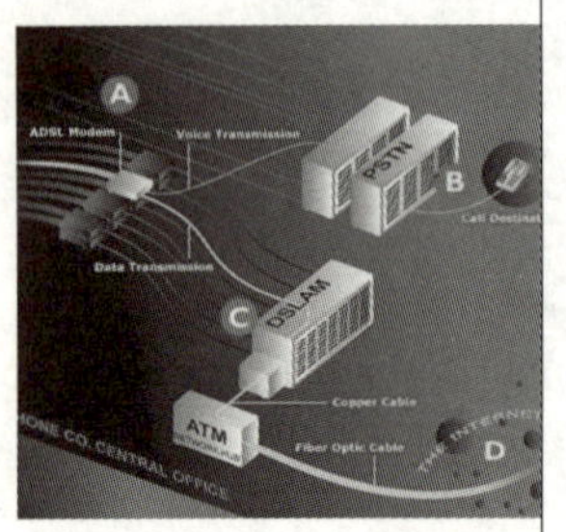

 ## 컴퓨터 음란물은 아이들에게 어떤 영향을 미칠까요?

컴퓨터를 잘 다루는 초등 학생은 이미 4학년을 전후해서 컴퓨터 음란물에 접하고 있습니다. 컴퓨터 음란물은 아이들에게 좋지 않은 영향을 줍니다. 그러나 그 영향의 정도와 유형은 아이들마다 다를 수 있습니다. 음란물을 본 아이들 모두가 성도착증 환자가 되거나 변태 성욕자가 되는 것은 아닙니다. 그러나 인터넷이 등장하면서 아이들은 가정과 PC방의 컴퓨터를 통해서 쉽게 음란물을 접할 수 있게 되었습니다. 그렇기 때문에 아이들이 음란물을 접하고, 그로 인해서 좋지 않은 영향을 받을 가능성은 얼마든지 있습니다.

▶▶▶ 아이들의 성장과 정체성에 악영향을 줍니다

음란물을 통해서 그릇된 성 지식과 가치관을 받아들이게 된다면, 어린 마음 속에는 성에 대하여 왜곡된 가치관이 자리를 잡게 될 것이고, 이 가치관은 평생을 따라다니며 그들의 성 생활과 사회 생활에 좋지 않은 영향을 줄 것입니다. 또한, 음란물은 정서적 성장에도 나쁜 영향을 줍니다. 음란물은 죄의식과 분노, 절망, 근심, 정신적 공황, 성에 대한 비정상적 몰입 등의 정서적 현상을 유발합니다.

▶▶▶ 친구들도 성의 대상으로 바라보게 됩니다

음란물을 접한 아이들은 자신보다 어리고 작은 아이들을 상대로 자신들이 본 것을 그대로 해 보고 싶어하는 경향이 있다고 합니다.

▶▶▶ 가치관과 예절에도 영향을 줍니다

사진, 비디오, 잡지, 게임, 그리고 인터넷을 통해 번지는 음란물은 강간 등의 불건전한 성 관계를 묘사하고 있으며, 여성의 존엄성을 심각하게 위협하는 내용을 담고 있습니다. 그리고 이런 것들은 건전한 성 교육을 방해하고 성에 대한 가치관을 크게 왜곡시키고 있습니다.

▶▶▶ 아이들이 성폭력의 피해자가 될 가능성이 있습니다

인터넷은 음란물을 주고받고, 미성년자들과 외설적인 대화를 나누고, 대화방을 통해서 자신의 그릇된 욕구를 채울 희생자들을 찾는 그릇된 사람들의 매우 좋은 활동 무대가 되고 있습니다. 옳지 않은 목적으로 인터넷에 접속하는 사람들이 많으면 많을수록 자신들이 직접 눈으로 본 성희롱, 성폭력, 강간 등의 사건을 흉내내는 모방 범죄도 증가할 것입니다. 열네 살 이전에 음란물을 접한 사람들은 그렇지 않은 사람들보다 강간 등 불건전한 성범죄를 실제 행동으로 옮길 가능성이 훨씬 높다고 합니다.

▶▶▶ 불감증을 유발합니다

음란물에 빠지면 그것이 가져다 주는 잠재적인 해독에 무감각해지게 됩니다. 인터넷이 급속하게 보급되고 대중화되면서 사람들은 변태적인 음란물과 폭력물을 쉽게 접하게 되었고, 사회는 강간 등의 비도덕성과 해악에 대해서 점점 무감각해지고 있습니다.

▶▶▶ 정신 분열증을 초래할 수 있습니다

음란물 중독 현상이 심한 일부 청소년들은 정신 분열증에 이르기도 합니다. 특히, 내성적이거나 모범생의 경우 그 충격 정도가 심해서 멍하니 정신을 놓고 있거나 죄책감에 빠지거나 결벽증에 걸리기도 합니다.

음란물에 대한 부모와 자녀의 인식 차이

음란물의 음란 정도를 구분하는 기준은 사람마다 다릅니다. 나체 사진 등 비교적 가벼운 내용을 담고 있는 것을 음란물로 보는 시각도 있고, 보다 노골적이고 적나라한 내용만을 음란물로 보는 경우도 있습니다. 한국 컴퓨터 생활 연구소의 상담 사례에서 보면 우리 나라의 부모님들, 특히 어머니들은 수영복 입은 여자 사진이나 젖가슴이 보이는 정도의 사진을 음란물로 생각하는 경우가 많았습니다. 그러나 청소년들은 성 행위 장면 등의 보다 자극적인 내용을 음란물로 인식하고 있습니다.

– 출처: 한국 컴퓨터 생활 연구소 홈페이지(www.computerlife.org)

 **아이들이 컴퓨터 음란물에 접속했다는 것을 어떻게 알 수 있을까요?**

컴퓨터를 잘 모르는 부모들은 자녀가 컴퓨터 음란물을 보고 있는지를 알기가 매우 어렵습니다.

컴퓨터 음란물을 보고 있을 때 부모님이 갑자기 들어오시면, 아이들은 간단히 키보드를 조작하여 컴퓨터의 화면을 바꾸어 놓을 수 있습니다. 그러면 잠깐 사이에 컴퓨터 화면에는 학습에 관련된 사이트가 등장하게 됩니다.

컴퓨터 음란물에 대한 전문가들의 견해에 따르면, 자녀를 관찰하여 다음과 같은 행동이 나타나면 컴퓨터 음란물을 보고 있을 가능성이 높다고 합니다. 그러므로 이 때에는 어떤 형태로든 자녀가 사용하는 컴퓨터를 점검해야 합니다.

아이들이 인터넷에 접속한 내용을 간단히 알아보는 방법이 있습니다.

먼저, 즐겨찾기를 통하여 확인할 수 있습니다. 즐겨찾기 단추를 누르

알아두세요

이럴 때는 컴퓨터 음란물을
보고 있는 것이 아닌지 의심해 보세요

- 밤 늦게까지 컴퓨터를 사용할 때
- 전화 요금이 평소보다 지나치게 많을 때
- 집중력이 떨어질 때
- 속옷이나 쓰레기통에서 자위한 흔적이 발견될 때
- 일반 CD와는 다른 색깔(황금색 또는 녹색)의 CD가 발견될 때
- 음란물이 인쇄된 프린터 용지가 발견될 때
- 갑자기 방에 들어갔을 때 당황하거나 이상한 행동을 할 경우
- 신용 카드 내역에 이상한 항목이 있을 때

면 아이가 즐겨 찾는 사이트를 알 수 있습니다. 노란색은 폴더이고, 🗐 모양이 홈페이지입니다. 폴더 안에는 🗐 모양의 홈페이지들이 많이 있습니다. 🗐 모양의 홈페이지를 누르면 그 홈페이지로 이동하므로, 컴퓨터 음란물 사이트에 접속하였는지의 여부를 알 수 있습니다.

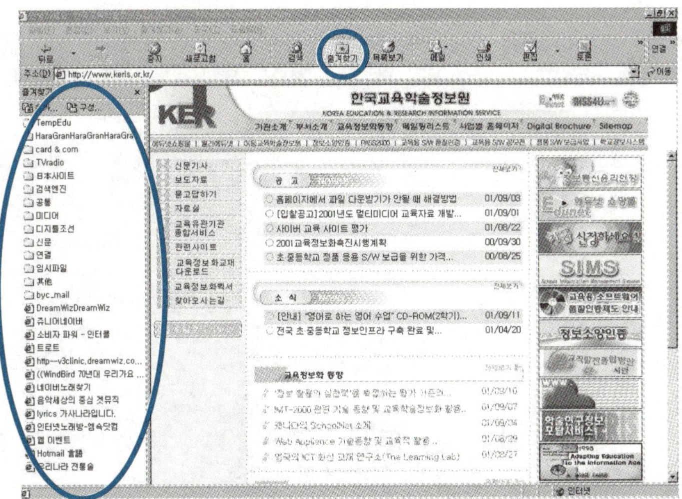

두번째는 열어 본 페이지 목록을 통해서 알 수 있습니다. 메뉴에서 목록 보기를 누르면 됩니다. 날짜별로 나와 있는 노란색을 눌러 보면 아이가 접속한 사이트를 알 수 있습니다.

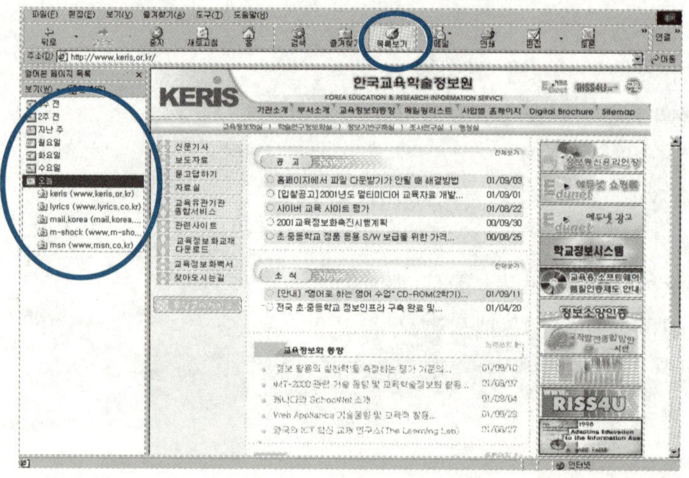

세번째는 윈도 탐색기를 이용하는 방법입니다. 윈도 탐색기를 실행하여 C 드라이브로 이동을 합니다. Windows 폴더로 이동한 후 다시 Temporary Internet Files라고 쓰인 폴더로 이동하여 파일 이름을 살펴볼 수 있습니다.

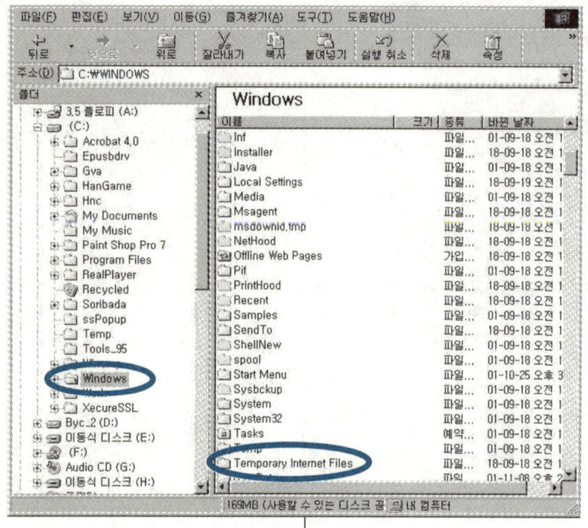

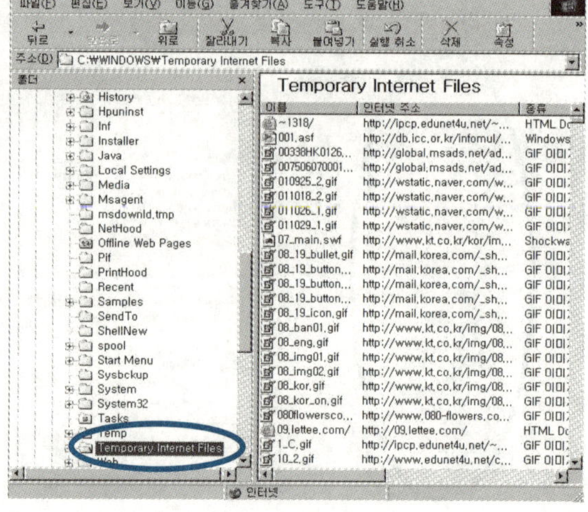

네번째는 다운받은 자료의 내용을 살펴보는 것입니다. 윈도 탐색기에서 아래 바탕 왼쪽의 '시작'을 누릅니다. '찾기'에서 파일 또는 폴더로 이동을 합니다. '이름'란에 '*.gif', '*.jpg', '*.bmp', '*.tip', '*.avi', '*.mpg'라고 입력하고 '지금 찾기' 단추를 누릅니다. 그러면 찾아진 파일들이 순서대로 나타나며, 하나의 파일을 두 번 누르면 그 파일이 열리므로 어떤 자료를 보았는지 쉽게 알 수 있습니다.

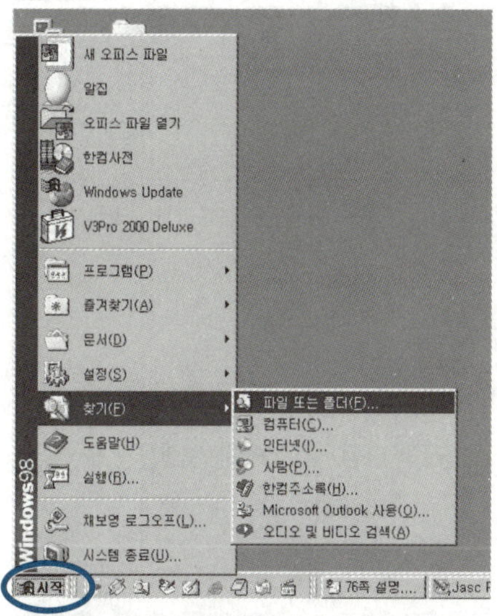

〈'시작'을 눌러 '찾기' ― '파일 또는 폴더'를 선택합니다.〉

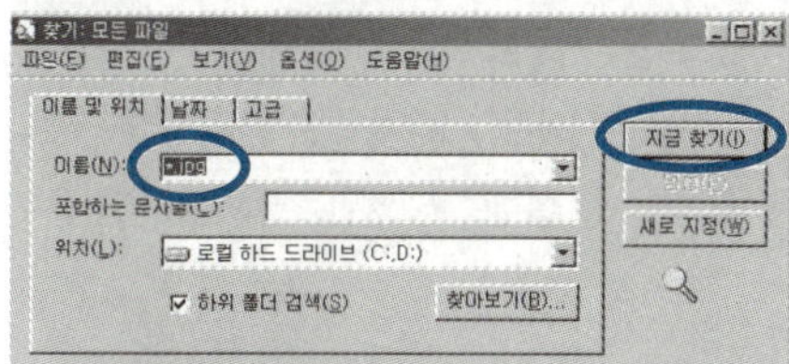

〈이름란에 *.jpg, *.gif 등을 입력하고 '지금 찾기'를 누릅니다.〉

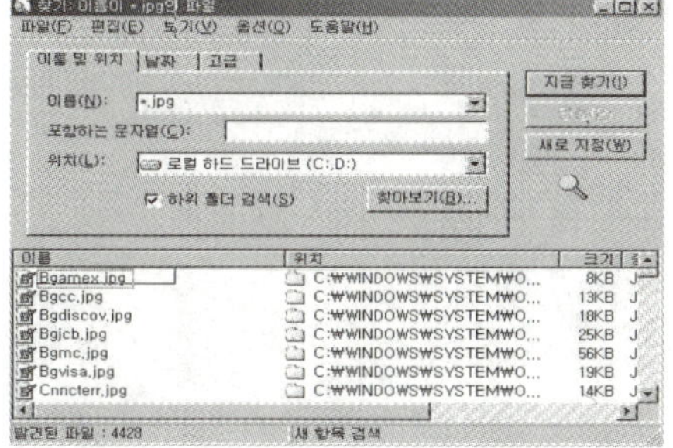

〈지금까지 보았던 그림 파일들이 찾아집니다. 이 때 하나의 파일을 선택하여 두 번 누르면 해당 그림 파일이 열립니다.〉

알아두세요

미국 유타 대학교 임상 심리학과 빅터 클라인(Victor Klein) 교수는 음란물로 인해서 겪는 신체적·정신적 문제들을 치유하기 위해서 자신을 찾아온 사람들을 관찰한 결과 대체로 그들의 증상이 다음과 같은 4단계로 발전해 가고 있다는 공통점을 발견하였습니다.

· 1 단계 : 호기심으로 본다

처음 음란물을 접하는 청소년은 적나라하게 노출된 이성의 나체 또는 성 행위 장면에 놀라면서 강한 호기심을 가지고 음란물을 보게 됩니다. 음란물을 본 후에도 청소년들은 한동안 그 장면이 자꾸 떠오르는 연상 작용을 경험합니다. 그리고 호기심에 다시 음란물을 보고자 하는 욕구가 강하게 나타납니다.

· 2 단계 : 더 자극적인 것을 찾는다

호기심을 자극하고 흥분시켰던 음란물도 자주 보다 보면 싫증나게 됩니다. 점차 더 자극적이고 더 노골적인 음란물을 찾아 호기심을 충족시키려 합니다.

· 3 단계 : 음란물을 일반적인 것으로 생각한다

음란물에서 설정된 장면이나 내용은 정상적인 것을 벗어난 경우가 많습니다. 그러나 음란물을 많이 접하다 보면 음란물의 내용이 일반적인 성의 표현이나 성 행위로 잘못 이해될 수 있습니다. 음란물에 표현된 비정상적인 성 행위 등을 청소년들이 일반적인 성의 형태로 생각하게 됩니다.

· 4 단계 : 실제로 실행하고자 한다

음란물을 통해 여러 형태의 성 행위를 알게 되면 실제로 경험해 보려는 욕구를 느끼고 음란물에 나온 장면을 흉내내어 시도하려 합니다. 어떻게 하면 성 행위를 한 번 할 수 있는지 상담 기관에 조언을 구하기도 하고, 스스로 기회를 만들어 이성 친구와 관계를 맺거나 윤락녀를 찾는 등 실제로 성 행위를 실행할 방법을 찾게 됩니다.

–출처: 한국 컴퓨터 생활 연구소 홈페이지(www.computerlife.org)

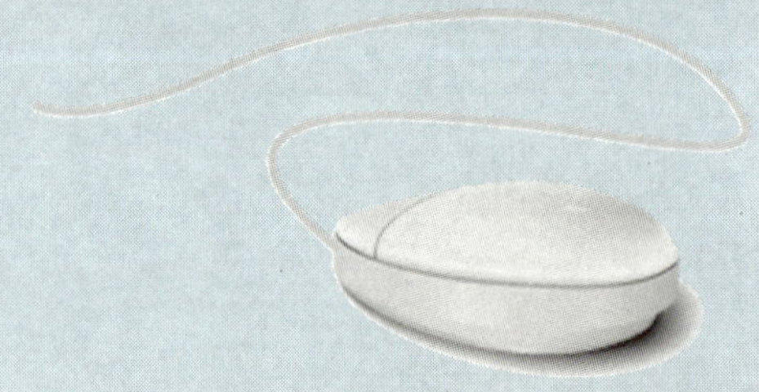

컴퓨터 음란물을 차단하는 방법은 없나요?

인터넷에서 아이들이 컴퓨터 음란물을 접하는 것이 문제가 되자 그 대안으로 소프트웨어 업체에서 음란물 차단 소프트웨어를 만들었습니다. 이 프로그램을 설치하면, 인터넷 브라우저인 검색 프로그램과 연동해서 작동하게 됩니다. 요즘에는 음란물 차단 소프트웨어를 인터넷에서 무료로 제공하고 있습니다.

그러나 새롭게 생겨나는 인터넷 사이트가 하루에도 수백 개나 되고,

알아두세요

음란물 차단 프로그램 무료 제공 사이트

- 정보통신윤리위원회 www.icec.or.kr
- 학부모 정보 감시단 www.cyberparents.or.kr
- 맑은 인터넷 만들기 www.webclean21.org
- 인터넷 내용 등급 서비스 www.safenet.ne.kr
- Clean Web www.cleanweb.co.kr

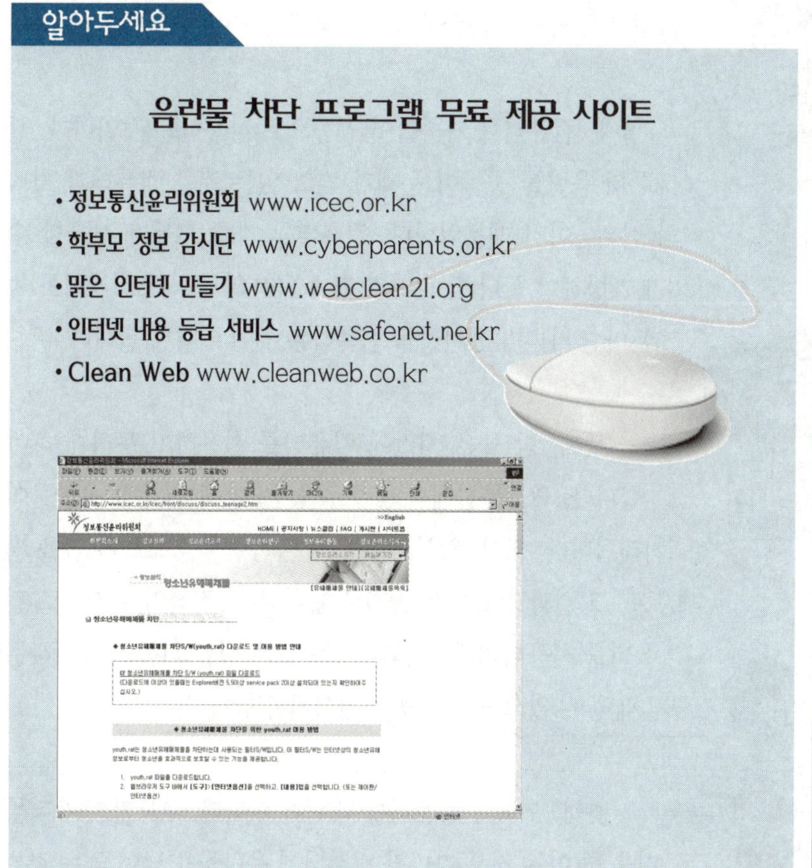

인터넷의 특성상 우회를 통한 접근이 가능하기 때문에 컴퓨터 음란물을 100% 차단하기란 불가능한 실정입니다.

그렇다면 우리는 컴퓨터 음란물에 어떻게 대처해야 할까요? 한국 컴퓨터 생활 연구소에서는 컴퓨터 음란물 대처 요령을 다음과 같이 여덟 가지로 제시한 바 있습니다.

첫째, 바른 성교육을 실시해야 합니다.

컴퓨터 음란물에 대응하는 방법 중 가장 원론적인 방법은 바른 성교육을 하는 것입니다. 성교육이 제대로 되어 있는 청소년은 음란물을 보더라도 옳고 그름을 판별할 수 있는 능력을 갖추게 되므로 음란물의 악영향에서 멀어질 수 있습니다.

둘째, 컴퓨터를 가족들이 공동으로 사용하는 것입니다. 컴퓨터 음란물 중독이 문제가 되고 있는 것은 컴퓨터가 자녀의 전유물이기 때문입니다. 컴퓨터를 가족 모두가 사용할 수 있게 개방해야 합니다. 나아가 가족 공용의 공간에 컴퓨터를 놓는다면 자녀가 음란물을 접촉하는 것이 어렵게 됩니다.

셋째, 밤 늦은 시간에 컴퓨터를 사용하지 못하게 해야 합니다. PC 통신에서는 주로 늦은 밤에 컴퓨터 음란물이 거래됩니다. 또한, 일부 청소년들은 음란물을 보느라 밤을 지새우고, 그 결과 학교에서 졸기도 합니다. 긍정적인 목적으로 컴퓨터를 사용하더라도 밤을 새는 것은 생활 리듬을 유지하는 데 좋지 않으므로 이를 자제시켜야 합니다.

넷째, 부모가 컴퓨터를 배워야 합니다. 부모가 컴퓨터를 다룰 줄 아는 경우 자녀가 컴퓨터에 음란물을 넣어 놓는 경우는 매우 드문 일입니다. 부모가 컴퓨터를 배우는 것은 자녀에게 컴퓨터를 바르게 사용하라는 일종의 경고가 될 수도 있고, 또 자녀와 공감대를 형성할 수 있어 아주 좋습니다.

다섯째, 컴퓨터 이외의 다른 취미 활동을 권장해야 합니다. 청소년이 성에 호기심을 가지는 것은 당연한 일이지만 음란물에 너무 몰입하다 보면 중독증에 빠지는 등 많은 부작용이 발생합니다. 자녀들이 음란물에 집착하지 않도록 스포츠나 문화 활동 등 현실적인 취미 생활을 갖게 해야 합니다.

여섯째, 신용 카드를 잘 관리해야 합니다. 대부분의 인터넷 음란 사이트는 무료임을 가장해 신용 카드 번호를 입력하게 해 회원 가입을 유도하고 있습니다. 신용 카드를 가지고 있는 가족들에게 신용 카드 관리를 잘 하도록 주의시켜, 자녀의 실수로 뜻밖의 금전적인 피해를 보지 않도록 해야 합니다.

일곱째, 음란물 대응 소프트웨어를 활용해야 합니다. 자녀가 컴퓨터 음란물 중독증에 걸리기 전에 음란물 검색 프로그램이나 인터넷 차단 소프트웨어를 활용하는 것도 음란물에서 멀어지게 하는 방법입니다.

여덟째, 유해 정보가 발견되면 신고를 해야 합니다. 컴퓨터 음란물은 청소년 모두에게 악영향을 미치며 기하급수적으로 확산되므로, 당장 자신의 자녀에게 영향이 없다고 해서 외면할 문제가 아닙니다. PC 통신 등에서 유통업자들의 움직임이 발견되면 즉시 신고해서 컴퓨터 음란물의 확산을 막아야 합니다.

❸ 게임에 빠지지 않게 하기

　　음란물 못지않게 부모들이 걱정하는 것은 바로 아이들이 지나칠 정도로 게임에 빠져드는 것입니다. 현재 우리 나라의 PC방은 게임으로 들끓고 있다고 해도 과언이 아닙니다. 초등 학생들 가운데는 이 다음에 커서 프로게이머가 되겠다고 서슴지 않고 말하는 아이들이 점점 늘고 있을 정도입니다. 아이들은 왜 컴퓨터 게임에 빠져들까요?

　　아이들의 말을 직접 들어 봅시다.

공부는 못 해도 게임은 잘 할 수 있거든요.
게임은 나를 드러내고 과시할 수있는 좋은 방법 중 하나입니다.

게임을 하면 지위가 상승합니다. 현실에서는 이룰 수 없는 지위가 제계 주어지는 영광을 누리게 됩니다. 이 영광스런 자리를 놓치고 싶지 않아요.

게임에 빠지는 데 자세한 설명이 뭐가 필요합니까?
무조건 재미있으니까 하는 거지요.

아이들은 어떤 게임을 즐겨하나요?

요즈음 아이들이 많이 하는 게임의 종류를 살펴보면 다음과 같습니다.
첫째, 패키지 게임으로서 네트워크가 지원되는 게임입니다. '디아블로'와 '스타크래프트'가 대표적입니다. 둘째, 머그(MUG : multi user graphic)로 불리는 온라인상의 롤 플레잉 게임입니다. 머그는 온라인에서 수천 명의 플레이어가 동시에 한 게임 속에서 게임의 내용을 만들어 가면서 즐길 수 있는 온라인 게임입니다. '바람의 나라'를 비롯해 '리니지'와 '울티마 온라인' 등이 대표적입니다. 셋째, 웹 기반의 게임으로 별도의 게임 프로그램이 필요 없이 인터넷 상의 사이트에서 게임이 가능합니다. '한게임'과 같은 사이트를 통해 고스톱, 테트리스 등 간단하면서도 다양한 게임을 즐길 수 있습니다. 넷째, 모바일 게임은 휴대폰에 인터넷 기능이 기본으로 장착되면서 최근에 서비스가 이루어진 새로운 게임입니다.

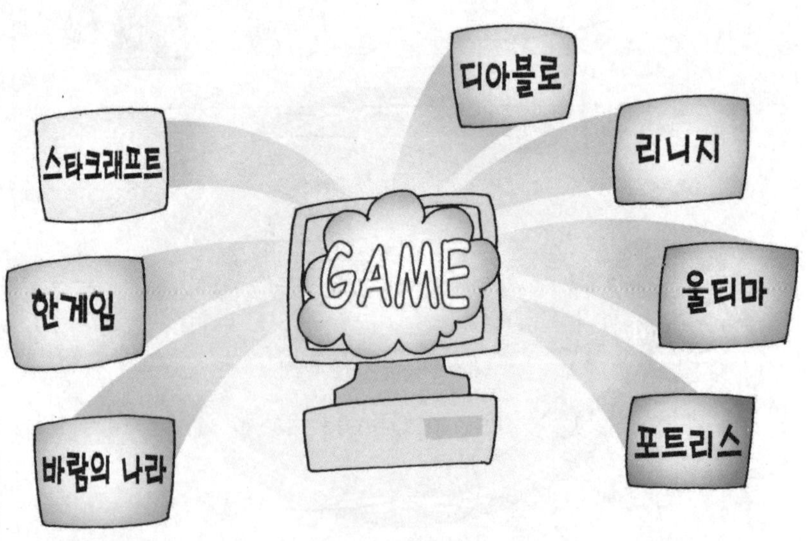

 ## 아이들은 왜 게임에 쉽게 빠져들까요?

아이들이 게임에 쉽게 빠져드는 이유는 게임 자체의 특성, 게임을 하는 아이의 심리적 특징, 사회적인 분위기 등 다양한 요인들이 관련되어 있습니다. 과거에 오락실에서 많이 했던 게임은 몇 주만 하면 쉽게 게임 요령을 터득하여 금세 싫증이 났지만, 인터넷 게임은 매번 다양한 전략과 전술을 새롭게 요구하기 때문에 아이들에게 끝없는 재미와 흥미를 유발하고 있습니다.

몇 개의 단계(stage)로 이루어진 대부분의 게임은 처음에는 쉽다가 점차 어려워집니다. 아이들은 어려운 단계에서 아슬아슬하게 게임을 끝내게 되면 너무나 아쉽게 느낀 나머지 그 게임을 정복하고자 끝까지 도전을 하게 됩니다.

게임은 아이들의 숨겨진 파괴 본능을 대리 만족시켜 주기도 합니다. 슈팅 게임은 총, 미사일, 대포, 레이저 등 강력한 무기로 상대방을

많이 파괴시켜야 이길 수 있습니다.

그리고 격투기 게임은 상대방을 효과적으로 차고 때려야 이길 수 있습니다. 아이들이 게임의 상대를 자신을 괴롭히는 사람으로 생각한다면, 상대방을 무지막지하게 제압할수록 만족감도 더 커질 수밖에 없습니다.

또한, 게임은 아이들로 하여금 답답한 현실을 잊게 해 주는 출구가 되고 있습니다. 학교와 학원을 오가는 빡빡한 일정 속에서 게임은 아이들에게 현실의 답답함을 잊게 해 주는 통로가 되고 있습니다. 여기에 프로게이머라는 신종 직업이 생겨나면서 일부 아이들은 게임만 잘 해도 성공할 수 있다는 생각을 갖게 됨으로써 더욱 더 게임에 빠져들고 있습니다.

게임은 아이들에게 어떤 영향을 미치나요?

게임 자체가 무조건 나쁘다고는 볼 수 없습니다. 게임은 아이들에게 긍정적인 영향을 줄 수도 있습니다. 게임의 전략이 다양해지면서 단순한 동작을 반복하는 게임보다는 상당한 지능을 요구하는 게임이 많으므로 아이들의 지능 개발에 도움을 줄 수 있습니다. 최근에는 여러 명이 함께 하는 게임이 많아 스트레스 해소는 물론 인간 관계를 넓히는 데에도 도움을 줄 수 있습니다. 특히, 마땅한 놀이 문화가 갖추어져 있지 못한 우리 실정에서 볼 때, 게임은 아이들이 가장 손쉽게 할 수 있는 여가 수단이라고 할 수 있습니다.

그러나 모든 것이 지나치면 해가 되듯이, 게임도 마찬가지입니다. 게임에 지나치게 빠지게 되면 아이들은 중독이 될 뿐만 아니라, 폭력적인 성향을 지닐 수 있습니다. 아이들은 하나의 게임 속에서 수많은 사람들을 죽이게 됩니다. 수많은 사람이 죽는 전투를 치르는 아이들의 머리 속에는 온갖 폭력적 계획이 난무하게 되므로 건강한 정신을 유지하는 데 해가 될 수 있습니다. 상대방을 이기기 위해 수단과 방법을 가리지 않는 폭력을 일삼으면서 아이들은 점점 거칠어지게 됩니다. 실제로 한 중학생

이 PC 게임과 인터넷에 푹 빠져 있다가 현실과 가상 세계를 구별하지 못해 친동생을 살해한 사건에서 볼 수 있듯이 게임은 아이들에게 매우 위험한 요소가 될 수도 있습니다.

한편, 게임에 빠진 아이들은 대개 정상적인 생활을 못 하고 있습니다. 아이들이 게임에 빠져들면서 보여 주는 일반적인 문제점으로는 시간 사용의 절제가 되지 않는다는 점, 성적이 떨어진다는 점, 수업 시간에 잠을 자거나 전략을 짜느라 다른 생각을 한다는 점, 대인 관계에 소홀해지거나 부모님과의 갈등이 커진다는 점, 수단과 방법을 가리지 않고 승부에 집착한다는 점 등을 들 수 있습니다. 특히, 지나치게 승부에 집착하는 것은 아이템 구매, 해킹, 현실 공간에서의 폭력, 욕설 등의 좋지 못한 행동을 하게 하는 원인이 되기도 합니다. 교사들에 따르면, 밤새워 게임을 하고 학교에서 틈만 나면 졸거나, 수업 시간 중에 학교를 빠져 나가 게임에 매달리거나, 최악의 경우 게임을 하기 위해 학교를 그만 두는 아이들도 있다고 합니다.

Tips

게임에 중독된 아이들은 성적이 떨어지고 대인 관계가 소홀해지며 부모님과의 갈등이 커지고 수단과 방법을 가리지 않고 승부에 집착하게 되어 결국 현실 생활에 적응하지 못하게 될 수도 있습니다.

 ## 게임 중독을 예방하려면 어떻게 해야 할까요?

한국 컴퓨터 생활 연구소는 게임을 즐기는 사람들의 행동 유형을 분석해 게임 중독을 예방하는 여섯 가지 방법을 다음과 같이 제시하고 있습니다. 아이가 게임 중독에 빠지지 않게 하려면 이렇게 하세요.

첫째, 게임은 하루에 1시간 30분 이내로 하게 합니다.

건강을 고려한다면 일반 게임은 1시간 이내, 스타크래프트 등 네트워크 게임은 두 게임(1시간 30분 이내) 이하가 적당하다고 합니다.

둘째, 제때에 식사를 하도록 합니다. 불규칙한 식사는 건강과 심성에 좋지 않은 영향을 미칩니다. 식사는 제때에 거르지 않도록 하고 인스턴트 식품은 자제하도록 해야 합니다.

셋째, 잠은 정해진 시간에 자도록 합니다. 밤 늦게 게임을 하면 잠이 부족해 이튿날 일상 생활에 지장을 줍니다. 정해진 시간에 잠자리에 들어 생활 리듬을 지키게 해야 합니다.

Tips

⊙ 게임에 중독되지 않기 위하여
- 시간을 정해 놓고 게임하기
- 규칙적으로 식사하기
- 정해진 시간에 잠자기
- 낮시간 동안 햇볕쬐기
- 가족이나 친구와 함께 지내기
- 규칙적으로 운동하기

넷째, 낮 시간에 30분 이상 햇빛을 쪼이게 합니다. 햇빛은 신체 면역 기능을 활성화시키고 마음을 편하게 만들어 정서 안정에 도움이 됩니다. 그러므로 낮에 30분 이상 햇빛을 즐기게 합니다.

다섯째, 가족이나 친구와 함께 하는 시간을 갖게 합니다. 게임은 성격을 개인적인 성향으로 흐르게 하므로 가족이나 친구와 함께 하는 시간을 늘여 인간적인 유대를 강화시켜 주어야 합니다.

여섯째, 일 주일에 2회 이상 운동을 하게 합니다. 농구나 등산과 같은 육체적 운동으로 현실적인 취미에 흥미를 갖게 하고 컴퓨터로 인한 자세의 불균형을 예방하도록 해야 합니다.

알아두세요

컴퓨터 게임 중독 증세 열다섯 가지

다음의 설문에 대다수가 해당되면 게임 중독일 가능성이 높은 상태라고 볼 수 있습니다.

1) 꼭 해야 할 일이 없으면 거의 모든 시간을 게임하는 데 보낸다.

2) 게임을 하고 있지 않는데도 게임을 하는 느낌이 들 때가 있다.

3) 게임을 한 이후로 해야 할 일이나 물건을 잃어 버리는 등 건망증이 늘었다.

4) 반드시 해야 할 일이 있어도 게임을 그만둘 수 없다.

5) 게임 때문에 시험(일)을 망친 적이 있다.

6) 내가 할 수 없는 일을 게임을 통해서 할 수 있다고 느낀다.

7) 게임을 하지 않는 날이 거의 없다.

8) 컴퓨터를 켠 후에 가장 먼저 게임을 시작한다.

9) 게임을 하지 못할 때면 짜증이 나거나 화가 난다.

10) 게임을 하는 것 때문에 가족들과 다툰 적이 있다.

11) 게임 때문에 밤을 새운 적이 많다.

12) 게임을 하는 도중 주인공이 다치거나 죽으면 마치 내가 그러는 느낌이 든다.

13) 게임을 하다가 고함을 치는 경우가 많다.

14) 내가 현실 생활보다는 게임에서 더 유능하다는 느낌이 든다.

15) 게임 시간을 줄이려고 노력하는데도 번번이 실패한다.

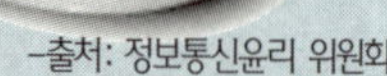

—출처: 정보통신윤리 위원회

가족이 함께 즐길 수 있는 인터넷 게임은 어떤 것이 있나요?

인터넷 게임 가운데에는 가족들이 함께 할 수 있는 건전한 게임도 많이 있습니다. 따라서 폭력적인 내용이 많거나 중독성이 강한 게임을 하지 못하게 무조건 윽박지를 것이 아니라, 아이들로 하여금 건전한 게임을 적당하게 즐길 수 있게 해 주는 것도 매우 중요합니다. 특히, 가족 간의 놀이 문화가 적은 우리 나라에서 인터넷 게임은 가족 간의 유대를 강화시켜 주는 수단이 될 수도 있습니다.

따라서 컴퓨터 게임을 무조건 나쁘

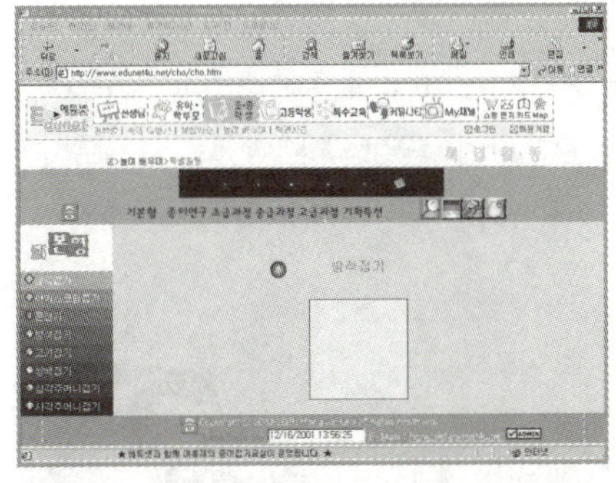

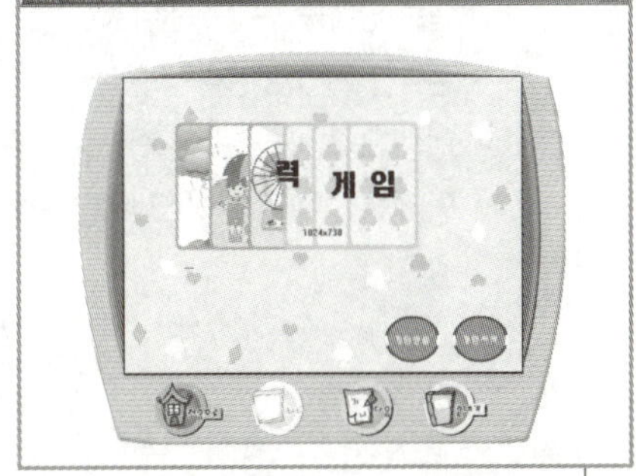

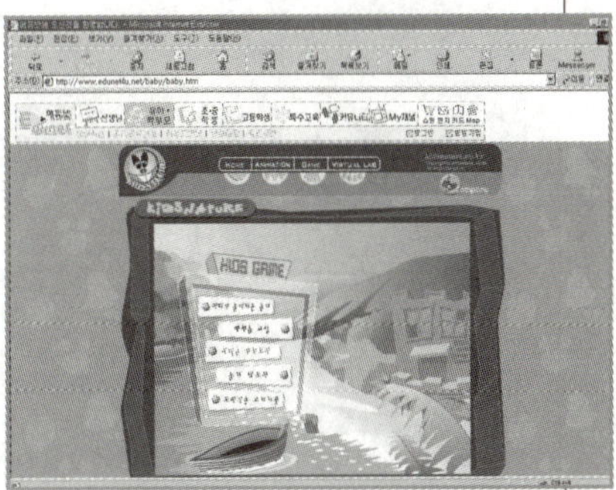

아이들과 함께할 수 있는 놀이 사이트

다고 하지 말고, 건전하게 이용할 줄 알도록 자녀를 유도하는 것이 필요합니다. 또한, 자녀들이 인터넷 게임을 할 때 지켜야 할 네티켓에 대해 가르쳐 주는 것도 부모가 해야 할 매우 중요한 일입니다.

자녀에게 가르쳐 주어야 할 인터넷 게임 네티켓

- 게이머도 일종의 스포츠맨임을 인식해야 한다. 단순히 오락이나 여가 활용으로 게임에 임하지 말고, 스포츠나 레포츠의 한 분야임을 인식하고 스포츠맨십을 가져야 한다.
- 상대방에게 항상 경어를 사용한다.
- 이겼을 때는 상대를 위로하고 졌을 때는 깨끗하게 물러서야 한다.
- 매일 본다고 상대를 존중하는 것을 잊어서는 안 된다.
- 게임 중에 일방적으로 퇴장하는 것은 무례한 일이다. 자신이 게임에 불리하다고 접속을 끊어서는 안 된다. 다른 일이 있어서 접속을 끊어야 할 때는 반드시 인사말로 양해를 구해야 한다.
- 온라인 게임은 온라인에서 끝나야 한다. 게임의 포인트를 돈을 주고 사거나, 사행성 오락(화투, 포커 등)으로 돈을 벌 생각을 해서는 안 된다.
- 인터넷에 너무 집착하거나 열중해서 학교 공부나 일상 생활에 지장을 주어서는 안 된다.

④ 전자 우편과 대화방을 건전하게 이용하기

전자 우편은 편리함과 신속함으로 인해 아이들에게 매우 중요한 의사 소통 수단이 되고 있습니다.

전자 우편은 문서 우편에 비해 시간과 장소에 크게 구애받지 않고 매우 빠른 속도로 다수에게 전달할 수 있으며, 발신자 확인이 용이하지 않은 익명성을 그 특징으로 하고 있습니다.

문서 우편과 전자 우편의 차이		
구 분	문서 우편	전자 우편
공간의 특성	물리적 공간	논리적 공간
전달 매체	물리적 운송 수단	통신망
전달 속도	다소 시간이 걸림	신속한 전달
수신자 수	제한적	1회 전송에 다수 수신 가능
통제 감독	우편물 통제 감독 가능	특정 기관의 감독에서 자유로움
지역적 한계	국가 간 등 지역적 한계	국가 간 지역적 경계가 없음

—출처: www.kisa.or.kr/K_trend/KisaNews/200009/special4-2.html

그러나 최근에는 전자 우편의 특징인 익명성, 신속성, 저렴한 전달 비용, 대량 발송 등을 악용한 각종 오·남용 사례가 급증하고 있습니다. 예를 들면, 다른 사람에게 피해를 주는 스팸 메일이나 폭탄 메일을 보내는 사례가 많아지고 있습니다.

그러므로 아이들이 전자 우편을 건전하게 사용할 수 있도록 전자 우편을 사용할 때의 네티켓을 가르쳐 줌과 동시에 전자 우편의 역기능으로부터 대처하는 방법을 가르쳐 주어야 합니다.

알아두세요

- **스팸 메일:** PC 통신이나 인터넷 ID를 가진 사람에게 일방적으로 전달되는 광고성 메일로 일명 정크 메일이라고 합니다. 원래 정크(junk)라는 말은 '잡동사니'라는 뜻으로 컴퓨터 통신망에서 누구든 가리지 않고 대량으로 전달된다는 점에서 정크 메일이라고 이름이 붙여졌습니다. 홍보·광고를 목적으로 하는 전자 우편의 경우 통신 ID를 가진 사람들에게 무차별적으로 배달되어, 이를 원치 않는 사람들은 메일을 읽거나 처리하는 데 많은 시간과 비용을 낭비하게 됩니다.

- **폭탄 메일:** 특정한 사람이나 시스템에 엄청난 양의 전자 우편을 한꺼번에 보내는 것을 말합니다. 엄청난 양의 전자 우편을 보내는 것은 서버에 할당되어 있는 수신자의 디스크 용량을 단번에 채워 버릴 수 있으며, 경우에 따라서는 서버의 작동을 멈추게 할 수도 있습니다.

전자 우편을 사용할 때의 네티켓은 어떤 것인가요?

전자 우편을 사용할 때에는 다음과 같은 사항에 유의해야 합니다.

다른 사람에게 피해를 주지 않아야 합니다

다른 사람에게 피해를 주는 전자 우편을 보
내지 말아야 합니다. 스팸 메일, 폭탄 메일, 바
이러스에 감염된 메일은 다른 사람들에게 커다
란 피해를 줄 수 있습니다. 그러므로 다른 사람

에게 전자 우편을 보내기 전에 반드시 바이러스 체크를 해야 하며, 스팸
메일이나 폭탄 메일을 절대 보내지 않아야 합니다.

내용은 가능한 한 간결하고, 이해하기 쉽고, 읽기 편하게 작성하여야 합니다

내용을 간결하게 전달하는 것은 받는 사람이
나 보내는 사람의 시간을 절약하는 방법입니다.
내용이 너무 많거나 장황한 글은 읽는 사람을
부담스럽게 할 수 있습니다. 또한, 상대방이 편

하게 글을 읽을 수 있도록 글자 간격이나 행 간격을 고려하여 내용을 작
성하며, 특히 중요한 부분에는 글자 모양이나 색깔을 달리하는 등 상대
방의 눈에 잘 띄게 해 주는 것이 좋습니다.

적절한 제목을 붙여야 합니다

상대방이 제목만 보아도 알 수 있도록 적절
한 제목을 붙이는 것이 좋습니다. 제목은 전자
우편을 보내는 목적을 분명하게 담고 있어야 합

니다. 그래야 상대방이 제목만 보고도 내용을

짐작할 수 있습니다.

흥분한 상태에서는 가급적 전자 우편을 보내지 않아야 합니다

흥분한 상태에서 전자 우편을 사용하다 보면, 자신의 감정을 제대로 억제하지 못하여 읽는 사람에게 불편함을 줄 수 있으며, 때에 따라서는 상대방의 감정이나 기분을 해칠 수 있습니다.

그러므로 전자 우편을 사용하기 전에 반드시 흥분을 가라앉히고 차분한 상태를 유지해야 합니다.

가급적 용량을 줄여 상대방이 빨리 열어볼 수 있게 해야 합니다

꼭 필요한 경우가 아니라면 파일을 첨부하기 보다는 본문 내용에 포함시키고, 그림 파일은 가능한 한 jpg 등 용량이 작은 파일 형태로 바꾸어 보내거나 압축하여 보내는 것이 좋습니다.

자신이 누구인지를 반드시 밝혀야 합니다

가능한 한 메시지 끝에 서명(성명, 소속, 직위, 전화 번호, 전자 우편 주소 등)을 포함하는 것이 좋습니다. 특히, 상대방에게 전자 우편을 처음 보내는 경우에는 자신을 분명하게 밝혀 상대방에게 자신의 기본 정보를 정확하게 제공해 주어야 합니다.

회신(Re)할 것인지, 새 전자 우편을 보낼 것인지 신중하게 판단해야 합니다

의사 소통을 위해 이전 문서가 필요할 경우에는 회신(Re)으로 하고, 그렇지 않은 경우에는

새로운 전자 우편으로 보내는 것이 좋습니다. 회신으로 할 경우에도 상대방이 보낸 우편 내용을 모두 포함한 채 회신을 하는 것보다는 필요한 내용만 포함하여 회신을 하는 것이 상대방을 진정으로 배려하는 것입니다.

보내기 전에 다시 한번 주소와 내용을 확인해야 합니다

전자 우편을 보내기 전에 주소가 정확한지, 수신자나 참조자에 중요한 사람이 빠지지 않았는지 다시 한 번 확인할 필요가 있습니다. 그리고 작성한 편지는 반드시 내용을 꼼꼼하게 읽어

보고 내용 전달에 오해가 생길 여지가 있는지를 살펴보아야 합니다. 한 번 보낸 전자 우편은 되돌릴 수 없다는 사실을 잊어서는 안 됩니다.

자신이 받은 편지를 함부로 공개하지 않아야 합니다

자신이 받은 전자 우편을 보낸 사람의 허락을 받지 않고 다른 사람에게 다시 보내는 것은 예의에 어긋나는 일입니다. 내가 보낸 편지를 친구가 다른 사람에게 마구 보여 준다고 생각해

보세요. 다른 사람에게 보여 주어야 할 필요가 있을 경우에는 처음 편지를 보낸 사람에게 사전에 양해를 구해야 합니다.

가능하면 날마다 전자 우편을 확인하여 중요하지 않은 것은 즉시 지우는 것이 좋습니다

전자 우편을 쌓아두면 서비스 제공업체의 서버에 불필요하게 용량이 늘어 자원의 낭비를 가

져오기 때문입니다. 그리고 자신의 아이디와 비밀 번호를 이용하여 나쁜 의도로 사용하는 경우가 있을 수 있으므로, 자신의 비밀 번호를 남에게 함부로 알려 주어서는 안 됩니다.

스팸 메일을 받았을 때는 어떻게 해야 하나요?

원래 스팸(spam)은 돼지고기 통조림의 상표명이었습니다. 스팸을 만든 회사에서는 홍보를 위해 유별날 만큼 많은 광고를 하였다고 합니다. 그로부터 엄청난 광고로 인한 공해를 스팸이라고 부르게 되었습니다. 오늘날 컴퓨터 분야에서는 발신자가 자신과 아무 관계가 없는 수신자에게 일방적으로 대량 발송하는 전자 우편물을 일컬어 스팸 메일이라고 합니다. 즉, 스팸 메일은 광고성 전자 우편을 포함하여 사용자가 요청하지 않은 정보를 사용자의 의지와 무관하게 전달하는 전자 우편을 의미합니다.

스팸 메일은 대부분 상업적인 용도로 이용되는 광고성의 전자 우편이나 불법 복제물 판매, 타인 비방, 허위 사실, 언어 폭력 등의 내용을 담은 전자 우편, 그리고 요즘 성행하는 '인터넷 금융 피라미드' 전자 우편과 정보 통신 시스템의 마비를 목적으로 발송하는 대량의 전자 우편 등을 모두 포함하고 있습니다.

알아두세요

유럽 연합(EU) 집행 위원회의 보고에 따르면, 전세계적으로 스팸 메일을 보는 데 소요되는 비용이 1년에 94억 달러에 이른다고 합니다. 스팸 메일로 인한 대표적인 피해는 다음과 같습니다.

- 사생활 침해
- 개인 정보나 기타 중요 정보의 유출 수단
- 시간 낭비
- 정보 수신 방해
- 정신적 스트레스
- 시스템 손상 및 마비
- 사용 요금 낭비

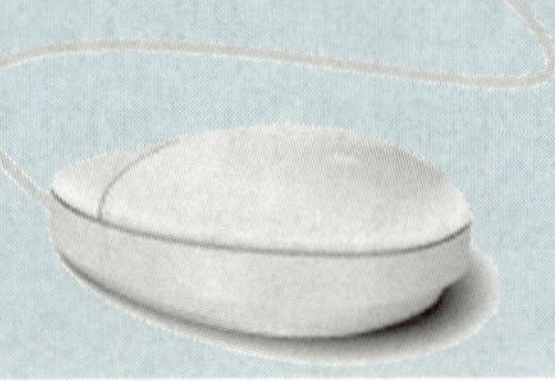

스팸 메일은 원하지 않는 전자 우편을 수신함으로써 사이버 공간에서의 개인 사생활을 침해할 수 있으며, 개인 정보나 기타 중요 정보를 유출하는 수단으로 이용되기도 합니다. 또한, 수신자나 전자 우편 서비스 제공자의 비용 부담을 유발하고 있습니다. 대개의 상업성 광고는 우편물 발송자가 그 비용을 부담하여야 하나 스팸 메일의 경우 비용 부담을 전적으로 수신자가 지고 있으며 이로 인하여 이용 시간, 정신적인 스트레스 등의 피해를 보고 있습니다. 필요 없는 전자 우편을 열람하거나 이를 삭제하는 데 드는 비용이 개인적인 차원에서는 보잘것 없다고 생각할 수 있으나 다수의 이용자에게 전달되었을 때에는 엄청난 비용이 소모되어 사회적인 문제가 발생하게 됩니다.

최근에는 핸드폰으로 '폰클럽'이나 '전화 데이트' 등의 제목을 달아 문자 메시지를 보낸 뒤, 회신을 하면 유료 서비스로 연결되게 하는 악성

수법이 늘고 있습니다.

그런가 하면, 메일을 읽는 순간 광고업자가 운영하는 홈페이지가 강제로 뜨도록 하는 수법, 수신 거부나 항의 메일을 보내도 소용이 없도록 발신자를 매번 바꾸어 가며 보내는 수법(예: '시디사랑'과 '김아무개'라는 불법 복제 소프트웨어·시디 판매업자는 메일링 리스트에 오른 사람들에게 매일 2~3회씩 스팸 메일을 보냅니다. 제목도 '시디 리스트입니다' 또는 '요청하신 자료입니다' 등으로 바꾸고, 발신 메일 주소도 매번 교체하고 있습니다.) 등이 늘고 있습니다.

영리 목적의 광고성 전자 우편을 전송할 때에는 전자 우편에
• 전송 목적과 주요 내용
• 전송자 명칭과 연락처
• 수신 거부 의사 표시에 관한 사항
을 반드시 이용자에게 알려야 하며, 수신자가 원하지 않는데도 계속 보낼 때는 과태료를 부과하도록 되어 있습니다. (정보 통신망 이용 촉진 및 정보 보호 등에 관한 법률)

스팸 메일을 받았을 때에는 메일 전송자에게 수신 거부 의사를 밝히는 회신을 보냅니다. 수신 거부 의사를 분명히 하였다면 '정보 통신망 이용 촉진 및 정보 보호 등에 관한 법률'에 따라 정보 통신부에 신고할 수 있습니다. 법률에 따르면, 정보 통신 서비스 제공자 또는 이용자는 수신자의 의사에 반하여 영리 목적의 광고성 정보를 전송해서는 안 되며, 이를 위반한 자에게는 500만 원 이하의 과태료에 처한다고 되어 있습니다.

 ## 채팅이란 무엇이지요?

채팅이란 인터넷을 이용하여 사이버 공간에서 여러 사람이 동시에 실시간으로 대화를 나누는 것입니다.

몇 년 전 흥행에 성공한 '접속'이라는 영화를 기억하십니까? 젊은 남녀가 우연히 만나 서로 좋아하게 된다는 평범한 소재이지만, 이 영화에서 주인공들은 채팅이라는 새로운 매개체를 통해 만났다는 점에서 주목을 받았습니다.

요즘 아이들은 심심하고 재미가 없을 때 시간을 때우는 수단으로 채팅을 많이 하고 있습니다. 원래 채팅의 뜻은 '가벼운 담소' 또는 '수다떨기'를 뜻하는데, 오늘날 이 말은 사이버 공간에서 만나 얘기를 나누는 것을 의미합니다. 채팅은 여러 사람이 채팅방에 들어가 집단으로 하는 경우도 있고, 일 대 일로 하는 경우도 있습니다.

채팅은 인터넷을 통해 할 수 있는 여러 가지 메시지 전달 수단 중에서 가장 신속하다는 장점이 있습니다. 자판에 하고 싶은 말을 입력하면 상대방이 실시간으로 그 글을 볼 수 있고 상대방의 글도 곧바로 볼 수 있습니다.

채팅을 통해 우리는 많은 사람들과 만남으로써 우리의 경험 세계를 확장하고, 현실에서는 다소 불가능했었던 다양한 정체성을 실험해 봄으로써 자기의 내면 세계를 더 잘 이해할 수 있게 해 줍니다.

요즘엔 화상 채팅이라는 것이 있는데, 이것은 말 그대로 영상을 통하여 다른 사람과 대화하는 서비스입니다. 상대방의 모습을 거의 실시간으로 보면서 마이크를 사용해 대화를 하거나 자판으로 대화를 할 수 있습니다. 국방부에서는 군인들이 화상 채팅을 통해 가족들과 면회를 할 수 있도록 하고 있습니다.

앞으로 화상 채팅 서비스가 더 발전하면 국제 회의나 회사 간의 업무 상담에서 화상 회의가 보편화될 것입니다.

한편, 채팅을 하다가 직접 만나는 것을 번개라고 합니다. 청소년들 사이에서는 번개가 매우 유행하고 있는데, 채팅을 하다가 시간과 장소를 정하여 현실 공간에서 직접 만나는 것입니다.

부모가 알아 두어야 할 채팅 용어

- **번개** : 온라인의 만남을 오프라인으로 이어가는 행위

- **눈팅** : 채팅은 하지 않고 다른 사람들 이야기를 듣기만 하는 행위

- **잠수** : 잠시 자리를 비우거나 다른 사람과 대화를 하기 위해 대화 참여를 하지 않는 상태

- **몰팅** : 업무 중 또는 수업 중에 몰래 접속해서 채팅을 하는 상황

- **강퇴** :강제 퇴장. 채팅방에서 부적절한 행동을 할 경우 방장이 퇴장시킬 수 있다.

채팅으로 피해를 입을 수도 있나요?

채팅은 인터넷에서 필수적인 분야가 되고 있지만, 그 부작용도 심각하게 나타나고 있습니다. 채팅을 통해 우리의 자녀들이 언어 폭력이나 사이버 성폭력을 당할 수도 있습니다. 또한, 채팅을 통해 청소년 성매매(원조 교제)가 이루어지기도 하고, 여성들이 성희롱을 당하기도 합니다. 그런가 하면 일부 부모들이 채팅에 빠져 가사를 게을리하거나 육아에 소홀한 경우도 있습니다.

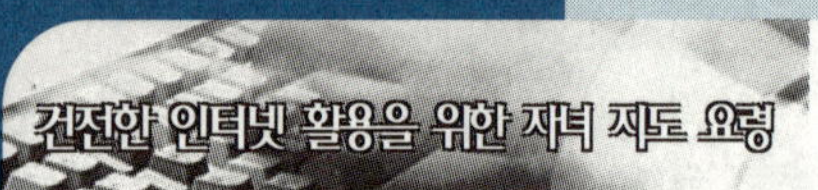

불건전 채팅으로 인한 피해 사례

경기도 분당에 사는 최 아무개 주부는 얼마 전 새벽에 외출했다가 돌아오는 딸(16세)을 우연히 목격하고 가슴이 철렁 내려앉았다. 새벽 두 시 정도에 나간 딸이 두세 시간 후에야 돌아온 것이다. 최씨가 다그쳐 물었더니 딸아이는 얼마 전 채팅을 통해 알게 된 아저씨를 만나고 오는 길이라고 털어 놓았다. 딸아이는 채팅을 통해 만난 아저씨가 새벽에 집 앞에서 기다리며 만나길 원해 두 차례 비디오방에 따라 갔다는 것이다. 최씨는 하늘이 노래지는 듯했다. 딸아이는 자기가 왜 그랬는지 잘 모르겠고 자신이 너무 밉고 죽고 싶다며 울면서 얘기했다.

–국민일보, 2001년 6월 21일자

울산의 어느 초등 학교 6학년 김모(12)양은 30분간의 채팅을 통해 "만나서 알몸을 보여 주면 20만 원을 주겠다"는 말에 현혹돼, 20대 남자를 집으로 불렀다가 이 남자에게 성폭행을 당했다. 경찰에 따르면 범인 배씨는 27일 오전 10시 10분께 울산시 남구 김양의 아파트에 찾아가 김양을 흉기로 위협, 손과 발을 테이프로 묶은 뒤 성폭행한 혐의를 받고 있다. 배씨는 이 날 오전 8시 30분부터 9시까지 김양과 컴퓨터 채팅을 하면서 "알몸을 보여

주면 20만 원을 주겠다"고 김양을 유혹했으며 초등 학생인 김양은 호기심에 김씨에게 맞벌이 부모가 일을 하러 나간 사실과 자신이 사는 아파트를 가르쳐 준 것으로 밝혀졌다.

–문화일보, 2001년 7월 28일자

철없는 10대 엄마가 채팅을 통해 알게 된 남자에 정신이 팔려 아들을 굶겨 죽여 충격을 주고 있다. 전북 익산 경찰서는 27일 생후 7개월 된 아들을 숨지게 한 혐의(살인)로 서 아무개씨(19세)에 대해 구속 영장을 신청했다. 경찰에 따르면 서씨는 지난 24일 오후 11시쯤 슬레이트 지붕의 2평 남짓한 방 안에 아들을 두고 문을 잠근 채 외출, 5일 전 채팅을 통해 알게 된 S씨(22) 등과 술집과 PC방 등을 돌아다니며 하루를 즐긴 사이 아들을 30℃를 웃도는 무더위 속에 방치해 숨지게 한 혐의다.

–국민일보, 2001년 7월 27일자

채팅 중독

- **정의:** 정보 이용자가 지나치게 채팅방에 접속하여 일상 생활에 심각한 사회적·정신적·육체적 및 금전적 지장을 받고 있는 상태를 의미합니다. 채팅 중독에서 중독의 의미는 지나친 컴퓨터 사용으로 인하여 의존성, 내성 및 금단 증상이 나타나는 것을 전제 조건으로 합니다. 즉, 채팅 중독 증상을 보이는 사람들은 마음이 복잡하거나 허전할 때 자기도 모르게 채팅방에 접속하여 시간을 보내며 마음의 위안을 얻는 의존성, 채팅방에 매달려 컴퓨터를 끄고 빠져 나오기가 점점 힘들어지며 오래 있어도 작업 효율은 떨어지는 내성 현상, 그리고 채팅방을 떠나 있으면 왠지 불안하고 인터넷상에 무슨 중요한 일이 일어났을 것 같은 생각이 들며, 어떤 새로운 채팅방이 개설되어 있을지 몹시 궁금해하는 금단 증상의 특성을 지닙니다.

- **원인:** ① 채팅을 함으로써 마음이 편해지기 때문에 무작정 빠지게 됩니다. ② 채팅방에서는 익명성을 보장받을 수 있어 자신의 고민이나 욕망을 솔직히 드러낼 수 있을 뿐만 아니라, 매번 새로운 상대를 만날 수 있다는 기대감으로 인하여 채팅에 빠지게 됩니다. ③ 채팅을 이용한 이성 간의 만남을 낭만적으로 묘사하는 영화, TV 드라마 등으로 인하여 채팅에 대한 환상을 가지게 됩니다.

- **증상:** 과도한 채팅 중독으로 인한 증상으로는 자기 통제력 상실, 채팅을 통한 행복감 추구, 사용량의 증가, 일상 생활의 부적응, 감정 조절 능력의 감소, 대인 관계 장애 등의 현상이 나타납니다.

- **문제점:** 단어의 압축화, 은어 사용으로 인한 언어 파괴로 올바른 언어 생활에 악영향을 미칠 수 있으며, 또한 채팅을 통하여 모르는 사람과 만나는 것은 매우 위험할 수도 있습니다. 현재 채팅을 통한 만남으로 인신 매매, 성폭행 관련 사례가 많이 발생하고 있습니다.

-출처: 사이버 중독 정보 센터(www.cyadic.or.kr)

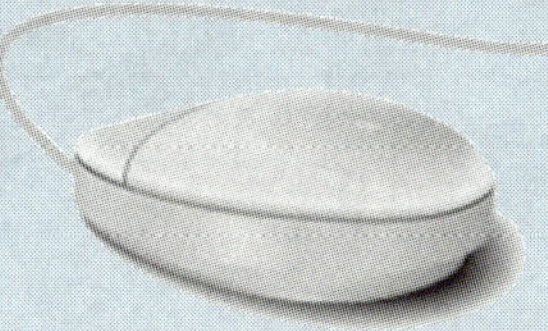

채팅방은 음란한 대화의 산실

컴퓨터를 이용하여 인터넷에서 대화를 하는 곳을 일컬어 채팅방 또는 대화방이라고 합니다. 채팅방에서 채팅의 주제를 살펴보면 '나랑 사귈 남자', '이쁜 여자만' 등과 같이 주로 이성을 찾는 내용이 많습니다. 그런가 하면 '한 번 끝내 주게 즐길 사람'처럼 음란한 표현을 사용하는 경우도 많습니다.

채팅방에서는 자신의 얼굴이나 인적 사항을 노출하지 않고 처음 채팅방에서 만난 이성 상대와 성에 대해 제한 없이 대화를 나누므로 아이들의 호기심을 크게 자극하고 있습니다.

그런가 하면, 화상 채팅이 화상으로 얼굴을 마주 보면서 좀더 친밀하고 편리한 커뮤니케이션을 실현한다는 본래 의도와는 달리 음란과 탈선의 장이 되기도 합니다. 일부 가출 여학생들은 아예 화상 채팅을 매개로 윤락 행위에 나서기도 합니다.

채팅방은 언어 파괴의 주범

채팅방에서는 은어, 비어, 속어, 외래어가 무분별하게 사용되고 있습니다. 물론 그러한 용어를 쓰는 사람들은 사이버 공간에서 짧고 즉흥적

이며 직접적이고도 생생한 문체로 부담 없이 쉽게 글을 쓰려면 그럴 수밖에 없다고 항변하고 있습니다.

그러나 아이들이 채팅방에서 사용하는 용어들을 현실 공간에서도 그대로 사용하는 경우가 많습니다. 초등 학교 선생님들에 따르면, 채팅방에서 쓰는 용어를 그대로 사용하여 맞춤법에 어긋나는 글을 쓰는 학생들이 날로 증가하고 있다고 합니다.

채팅방의 또 다른 문제점은 익명성을 무기로 한 욕설과 비방이 난무하고 있다는 것입니다. 채팅방을 따라다니면서 온갖 욕설로 행패를 부리거나, 심지어 남의 아이디를 몰래 이용하여 욕설을 일삼는 경우가 있습니다.

허위 정보를 퍼뜨려 다른 사람을 비방하는 경우도 많습니다. 자신과 의견이 다르다는 이유로 트집을 잡아 다른 사람을 비방하거나, 대화방에서 특정한 사람을 매도하여 비방하거나 따돌림을 시키는 경우도 있습니다. 최근 화상 채팅에서는 얼굴이 못생겼다는 이유 하나만으로 강제 퇴장을 시키는 경우도 늘고 있습니다.

아이들의 채팅 언어 이해하기

1. 역시 난 껌(무시당하는 사람)이야
2. 전부 쌩까는군(거짓말하는군)
3. 양팅(이중으로 사귀기)
4. 짱(진짜)
5. 남친(남자친구), 깔(여자 친구)
6. 어솨요(어서오세요)
7. 어뜨케(어떻게), 하이룽(Hi)

8. 겜(게임), 땜(때문)
9. 새끈하다(멋있다)
10. *-*(황당하다)
11. 쨈(콧물)
12. 담탱(담임 선생님)
13. 당스(당연한 스토리), 오방하군(오만방자하군)
14. 0124(영원히 사랑해), 09I0I2(공부 열심히)
15. 구래 이넘아(그래 이 놈아)
16. 토욜(토요일)
17. 먀내(미안해), 겁당(겁니다)
18. 아이 쨩나(아이 짜증나)
19. 쨈써다(재미있었다), 끼깔나게(기막히게)
20. ㅊㅋㅊㅋ(축하축하), 걍(그냥)

 **사이버 성폭력이란 무엇이지요?**

얼굴도 보이지 않고 목소리도 들을 수 없는 상태에서 주로 문자로만 메시지를 주고받는 사이버 공간에서 과연 성폭력이 이루어질 수 있을까요? 그러나 이러한 의문과는 달리 실제 사이버 공간에서 성폭력이 이루어지고 있어 문제가 되고 있습니다.

우리 나라에서 사이버 성폭력의 피해는 1994년 채팅 도중에 성적인 욕설에 심한 마음의 상처를 입고 자살한 여중생의 사례가 대표적입니다. 이 사건은 사이버 성폭력이 우리의 아이들에게 미치는 영향이 얼마나 치명적인 것인지 잘 보여 주었습니다.

사이버 성폭력의 유형

- **사이버 음란물 게시:** 전자 우편이나 PC 통신을 통해서 음란한 부호, 문자나 말, 음향, 영상을 배포하고 판매하거나, 전시 또는 게시하는 행위를 말합니다.

- **사이버 성희롱:** 전자 우편이나 채팅을 통해서 상대에게 성적 수치심이나 모멸감을 느끼게 하는 글, 음향, 영상을 보내는 행위를 말합니다.

- **사이버 스토킹:** 사이버 공간에서 이루어지는 스토킹으로 상대방에게 편지 보내기, 채팅 요구, 성적 희롱의 대상이 될 것을 요구하는 행위로서, 이는 원조 교제 등으로 발전될 가능성이 커서 오프라인의 성폭력 가능성이 있습니다.

- **사이버 명예 훼손:** 사이버 공간에서 게시판이나 성 관련 사이트에 특정인의 사생활, 특히 성생활과 이와 관련한 허위 사실을 글, 음향, 영상 등으로 올려서 개인의 명예를 훼손한 행위를 말합니다.

—출처: 사이버 성폭력 신고 센터(www.gender.or.kr)

　사이버 성폭력 역시 남성이 여성에게, 성인이 아동에게 행하는 경우가 많기 때문에 피해자는 극도로 위축되어 저항하거나 도움을 청할 생각을 못 하게 되는 경우가 많습니다. 또한 스토커들은 지능적으로 온라인의 익명성을 이용하기 때문에, 컴퓨터에 익숙하지 못한 초보자의 경우 기본적인 조치도 취하지 못하고 계속해서 성폭력을 당하게 됩니다.

　그러므로 자녀들에게 사이버 성폭력을 예방하기 위한 방법에 대해 잘 알려 줄 필요가 있습니다.

알아두세요

사이버 성폭력의 특징

- **가해자의 특징**: ① 보편적으로 여자와 아동을 표적으로 삼는다. ② 온라인의 익명성을 최대한 활용한다. ③ 자기가 추구하는 반응을 얻지 못하면 흥미를 잃는다. 그러므로 그들이 원하는 반응을 해 주지 않는 것이 좋다.
- **피해자의 특징**: 보편적으로 미성숙한 이용자이고, 네티켓에 익숙하지 못하다.
- **발생 장소**: 통신 이용이 가능한 어느 곳에서든지 발생할 수 있다.
- **이용 가능 통신 수단**: 게시판, 전자 우편, 대화방, PC 통신, 이동 전화 등
- **발생 시기**: 하루 24시간 언제든지 발생 가능

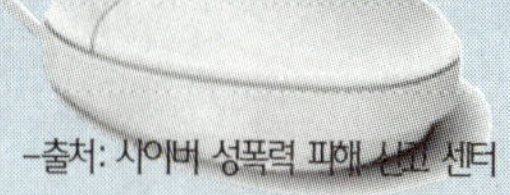

－출처: 사이버 성폭력 피해 상담 센터

사이버 성폭력 예방을 위한 십계명

1. 아이디나 대화명은 중성적인 것을 이용한다.

2. 개인 정보는 최소한의 것만 기입하거나 비공개로 한다.

3. 현실에서처럼 상대방을 존중한다.

4. 상대방이 원치 않는 행동을 강요하지 않는다.

5. 상대방의 유혹에 반응하지 않는다.

6. 원치 않는 메일에 답장하지 않는다.

7. 적대적인 상황이 예측될 경우 그 자리를 떠난다.

8. 불쾌하거나 위협적인 상대방을 목격하거나 만나면 단호하게 대처한다.

9. 온라인을 통해 알게 된 사람을 만날 경우 꼭 주변에 미리 알린다.

10. 채팅방 등에서 사이버 성폭력 가해자를 보면 당장 중지할 것을 요구하고 피해자를 돕는다.

—출처: 사이버 성폭력 신고 센터(www.gender.or.kr)

 **올바른 채팅 문화 창조를 위하여 부모가 해야 할 일은 무엇인가요?**

아이들이 안전하게 채팅을 하게 하려면 다음과 같이 해야 합니다.

- 채팅할 때 지켜야 할 네티켓을 가르쳐야 합니다. 채팅에서 네티켓을 서로 잘 지키면 더욱 건전하고 유익한 채팅을 할 수 있다는 사실을 일깨워 주어야 합니다.

- 채팅의 위험성을 분명하게 인식시켜 주어야 합니다. 채팅은 좋은 점 못지않게 위험한 점이 있음을 일깨워 주어야 합니다.

- 아이들이 안전한 채팅을 할 수 있도록 부모가 적극적으로 도와 주어야 합니다. 자녀와 함께 채팅방에 들어가 보세요. 또는 아이들이 채팅을 할 때 자주 들여다보세요. 주위에서 누군가 지켜보고 있는 가운데 채팅을 하는 것은 아이들이 위험하거나 음란한 채팅에 빠지는 것을 예방할 수 있게 해 줍니다.

- 이름이나 주소, 학교 이름 등 신원을 확인할 수 있는 개인 정보를 다른 사람에게 함부로 알려주지 않도록 지도해야 합니다.

- 채팅방에서 만난 사람들이 실제와는 전혀 다를 수 있다는 사실을 잘 설명해 주어야 합니다.

- 채팅방에서 만난 사람들을 밖에서 함부로 만나지 않게 해야 합니다. 늦은 시간이나 으슥한 장소에서 만나는 것을 피하며, 만날 때에는 절대 혼자서 만나지 않도록 해야 합니다.
- 아이가 어떤 채팅방에서 무엇을 하고 있는지를 주의 깊게 관찰하여야 합니다. 부모가 보기에 위험하다고 판단되는 채팅방에 들어가는 것을 제한해야 합니다.
- 아이들이 온라인 싸움에 휘말리지 않도록 지도해야 합니다. 온라인 싸움에 휘말리게 되면, 상대방에게 언어 폭력을 가하거나 본인이 그러한 폭력을 당하기 쉽습니다. 화가 났을 때는 어떻게 마음을 정리해야 하는지에 대해 아이와 대화를 해 보세요.

  그리고 누군가가 의도적으로 무례하거나 호전적인 행동(말)을 했다고 해서 그것이 꼭 자신의 잘못만은 아니라는 것을 아이에게 알려 줄 필요가 있습니다. 또한, 도발적이고 의도적인 대화에는 함부로 반응하지 않도록 아이에게 가르쳐 주어야 합니다. 아이가 느끼기에 불쾌한 채팅방은 바로 나오도록 지도해야 합니다.

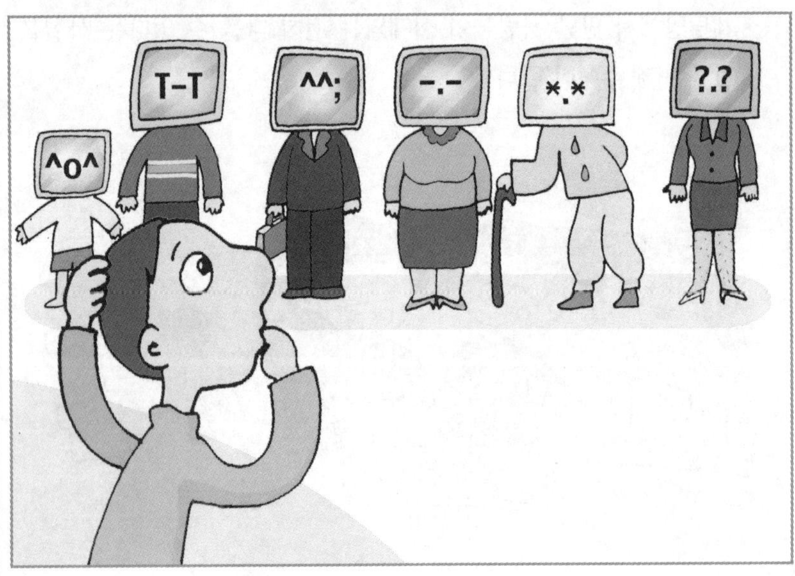

채팅을 할 때의 네티켓

1. 채팅은 서로 마주앉아서 이야기한다는 자세로 해야 한다.
2. 다른 사람의 ID로 채팅을 해서는 안 된다.
3. 채팅방에서는 보통 여러 명이 함께 대화를 하므로 대화에 참여하고 있는 사람을 혼동해서는 안 된다.
4. 채팅을 할 때에는 자신의 생각이나 주장을 일방적으로 고집해서는 안 된다.
5. 문자 채팅을 할 때에는 글을 올리기 전에 신중하게 다시 한 번 읽어 보는 것이 좋다.
6. 채팅방에 처음 오는 사람을 반갑게 대해 주어야 한다.
7. 상대방의 신상을 꼬치꼬치 캐묻는 것을 피해야 한다.
8. 문자 채팅을 할 때에는 이모티콘을 적절하게 활용하여 센스 있고, 미소를 자아내는 대화를 유도한다.(예: @u@ 놀라는 표정)
9. 화상 채팅을 할 경우 상대방의 외모로 모든 것을 평가하려고 해서는 안 된다.
10. 음란한 대화를 유도해서는 안 된다.

채팅의 위험한 점

1. 무례한 언어나 성인들이 하는 음란한 대화를 할 수 있다.
2. 아이들을 해롭게 하고 싶어하는 나쁜 사람들을 만날 수도 있다.
3. 채팅을 하는 데 너무 많은 시간을 보낼 경우 친구 관계나 학교 공부, 스포츠와 다른 활동에 의해서 개발될 수 있는 능력이 발달하지 못할 수도 있다.
4. 아이들이 피해야 할 주제에 관해서 대화를 할 수도 있게 된다.

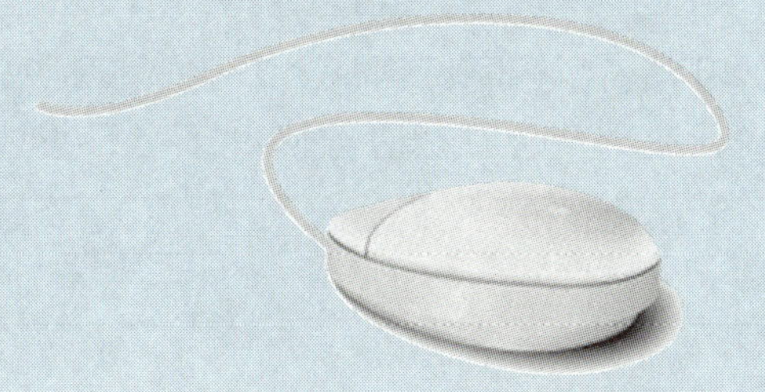

여학생을 위한 채팅 및 번개 십계명

1. 실제 이름을 밝히지 않는다. 불순한 의도를 가진 사람들이 대화 상대방의 이름을 악용하는 사례가 많다. 그러므로 인터넷 채팅 사이트에 가입할 때나 채팅을 할 때에는 애칭을 사용한다.

2. 전화 번호를 알려 주지 않는다. 채팅을 하다가 연락처가 필요하면 상대방의 전화 번호를 묻거나 PC 게임방의 전화 번호를 알려 주어 통화하도록 한다.

3. 학교나 주소를 알려 주지 않는다. 본의 아니게 주소가 악용되거나 스토커들이 학교나 집으로 찾아와 괴롭히는 경우도 종종 발생한다.

4. 음란 대화방에 참여하지 않는다. 대화방 제목으로 대화방 개설자의 목적을 알 수 있다. 컴섹, 폰섹, 번섹 대화방 개설자는 성적 만남을 목적으로 하므로 대화방에 참여하지 않는다.

5. 번개를 할 때는 보호자나 친구에게 알린다. 번개를 할 때는 만나는 상대에 대한 인적 사항과 장소, 시간을 친구들이나 부모에게 알리도록 한다. 이러한 자료는 유사시 행방을 찾을 수 있는 단서가 된다.

6. 번개 장소는 자신이 아는 곳을 정한다. 채팅 상대를 만날 때는 자신이 잘 아는 장소에서 만나는 것이 좋다. 잘 모르는 곳에서 상대방을 만나면 상대방의 의도대로 일방적으로 끌려다닐 수 있다.

7. 늦은 시간에 만나지 않는다. 늦은 밤에 만나는 것은 귀가할 때 교통편의 문제가 생길 수 있고 위험에 처할 때 도움을 받기가 어렵다.

8. 만나서 술을 마시지 않는다. 채팅 상대와의 첫만남은 음료수를 마시는 가벼운 정도가 좋다. 술은 상대방에 대한 판단을 흐리게 하고 자제력을 잃게 만들기 때문에 마시지 않는 것이 좋다.

9. 비디오방, 상대방의 집, 여관에 따라가지 않는다. 단 둘이 있는 공간에서는 성폭행을 당하기 쉬우므로 그런 기회를 만들지 않는다.

10. 드라이브를 같이 하지 않는다. 남자들이 대화방에서 드라이브를 제안하는 것은 기분 전환보다는 성 행위를 목적으로 하는 경우가 더 많다. 확실한 상대가 아니라면 드라이브에 응하지 않는다.

—출처: 한국 컴퓨터 생활 연구소

5 사이버 공간에서 자신을 보호하는 방법을 가르쳐 주기

사이버 공간에는 우리 아이들의 안전을 위협하고 사회의 질서를 교란시키는 유해 정보와 사이트들도 많이 있습니다. 현실 공간과 달리 단지 접속만으로 이러한 유해 정보와 사이트에 접할 수 있기 때문에, 우리는 아이들이 사이버 공간에서 자신을 보호할 수 있는 능력을 길러 주는 데에도 많은 관심과 노력을 기울여야 합니다.

 **개인 정보를 어떻게 보호할 수 있나요?**

인터넷에는 경품이나 사이버 머니를 미끼로 개인 정보를 오·남용하는 무리들이 많습니다. 개인 정보는 개인의 정신, 신체, 재산, 사회적 지위, 신분 등에 관한 사실, 판단, 평가를 가능하게 하는 정보를 의미합니다. 그리고 이러한 개인 정보를 오·남용한다는 것은 개인 정보를 해당

개인의 허가 없이 유출하여 해당 개인에게 피해를 가져오는 모든 행위를 말합니다. 예를 들면, 다른 사람의 아이디와 비밀 번호를 이용하여 PC 통신을 하여 그 사람에게 통신 요금을 부담시킨다든가, 게시판에 다른 사람의 아이디로 특정한 사람을 욕하는 글을 남겨 놓아 누명을 쓰게 하는 등의 경우가 있습니다.

그러므로 우리는 자신의 개인 정보를 함부로 공개해서는 안 된다는 사실을 아이들에게 가르쳐 주어야 합니다. 예를 들어, 자신의 홈페이지에 집 주소와 전화 번호를 올려두는 것은 매우 위험한 일입니다. 다른 사람들이 그 정보를 나쁜 목적으로 이용할 수도 있기 때문입니다. 또한, 인터넷의 어떤 서비스를 이용하고자 할 때, 서비스 제공자는 회원 가입, 서비스 이용 요금 부과 등 다양한 목적을 위해 이용자의 신상에 관한 개인 정보를 요구하는데, 이 때 아이들이 개인 정보 제공에 신중을 기하도록 지도해야 합니다. 특히, 어린아이일수록 개인 정보 수집을 목적으로 하는 무료 서비스, 저가 판매 또는 과다한 경품 제공 등에 쉽게 현혹되어 함부로 개인 정보를 제공하는 일이 많다는 사실에 유념해야 합니다.

아이들로 하여금 개인 정보를 보호하게 하려면 어떻게 해야 할까요? 한국 정보 보호 센터에서 제시한 '개인 정보 보호 행동 지침' 에 따라 아이들을 지도해 보세요.

- 자신의 아이디를 타인에게 빌려 주거나 타인의 아이디를 사용해서는 안 됩니다.
- 비밀 번호(password)는 누구에게도 알려 주거나, 알 수 있게 관리하여서는 안 됩니다. 그리고 주기적으로 바꾸어 주는 것이 좋습니다.
- 가입은 쉽지만 탈퇴가 어렵거나 탈퇴 방법이 게시되어 있지 않은 사이트에는 회원으로 가입하지 않도록 해야 합니다.
- 서비스 제공자에게 자신의 개인 정보를 입력하기 전에 관

련 법률에서 규정하고 있는 의무 고지 사항을 서비스 제공자가 명시하고 있는지 개인 정보 보호 방침 및 이용 약관 등을 반드시 확인하도록 해야 합니다. '정보 통신망 이용 촉진 및 정보 보호 등에 관한 법률'에 따라 개인 정보 수집시에 서비스 제공자가 사전에 의무적으로 알려야 할 사항은 다음과 같습니다.

- 개인 정보 보호 책임자의 소속, 성명 및 전화 번호, 기타 연락처
- 개인 정보의 수집 목적 및 이용 목적
- 개인 정보를 제3자에게 제공하는 경우 제공받는 자, 제공 목적 및 제공할 정보의 내용
- 동의 철회, 열람, 정정 요구 등 이용자의 권리 및 그 행사 방법
- 서비스 제공자가 수집하는 개인 정보 항목
- 수집하는 개인 정보의 보유 기간 및 이용 기간

- 개인 정보 보호 지침을 명시하지 않거나 수집 및 이용 목적에 꼭 필요하지 않은 개인 정보를 과도하게 요구하는 서비스 제공자에게는 개인 정보를 제공하지 않도록 해야 합니다.

- 개인 정보가 침해되었을 경우의 비상 행동 요령에 대해 가르쳐 주어야 합니다. 자신의 아이디와 비밀 번호가 도용되었거나 유출되었다고 판단되면, 먼저 해당 정보 통신 서비스 사업자에게 사실을 알리고 지원을 요청해야 합니다. 비밀 번호는 직접 변경하거나 해당 정보 통신 서비스 제공자에게 요청하여 즉시 변경하는 것이 좋습니다. 아이디와 비밀 번호가 도용되어 서비스 이용료가 과다 부과되었다고 판단되면, 해당 정보 통신 서비스 제공자에게 사용 내역의 확인을 요구할 수 있습니다. 또한, 아이디와 비밀 번호가 도용되어 무단으로 게시판에

Tips

개인 정보가 침해되었을 경우에는…

- 해당 정보 통신 서비스 업자에게 신고하고 지원 요청
- 비밀 번호를 즉시 변경
- 해당 정보 통신 서비스 제공자에게 사용 내역 확인 요구
- 아이디와 비밀 번호 도용으로 인한 피해를 검찰이나 경찰에 신고
- 개인 정보 침해 신고 센터에 신고

글이 게재되었다면 해당 정보 통신 서비스 제공자에게 문제의 글을 삭제하도록 요청할 수 있습니다. 만약 도용된 아이디와 비밀 번호로 인해 명예 훼손이나 경제적 피해 등을 당했다면 검찰이나 경찰에 신고할 수 있습니다.

한편, 제3자에 의해 개인 정보가 도용되어 무단으로 웹사이트에 회원으로 가입되거나 정보 통신 서비스 제공자에 의해 개인 정보가 남용되었을 경우에는, 먼저 해당 정보 통신 서비스 제공자에게 잘못된 개인 정보의 정정을 요구해야 합니다. 그리고 정보 통신 서비스 제공자에 의해 개인 정보가 침해되었을 경우에는 침해를 입증할 수 있는 자료와 함께 개인 정보 침해 신고 센터에 신고하여 도움을 받도록 해야 합니다.

알아두세요

개인 정보 침해 신고 센터

개인 정보 침해 신고 센터는 '정보 통신망 이용 촉진 등에 관한 법률' 상의 개인 정보 보호 규정이 이행되는지 여부를 감시하는 임무를 수행합니다.

누구든지 개인 정보가 침해당한 경우 일정한 양식에 따라 센터에 신고할 수 있으며, 개인 정보 보호와 관련된 궁금한 사항이나 자신의 권익에 관한 사항을 상담 받을 수도 있습니다.

- **홈페이지 주소:** www.cyberprivacy.or.kr
- **PC 통신:** eprivacy
- **전자 우편 주소:** cyberprivacy@kisa.or.kr
- **전화:** (02) 1336

 **와레즈(warez)는 안 돼요!**

인터넷을 통한 불법 복제물의 유포는 통상 와레즈 사이트를 통해 이루어지고 있습니다. 와레즈는 상용 프로그램은 물론이고 각종 게임, MP3, 음란물 등 저작권자의 허락 없이 멋대로 유통되는 모든 디지털 저작물을 통칭하는 말입니다. 소프트웨어(software) 영문 철자의 뒷부분에서 이름을 따왔다는 설도 있고, 모든 것은 구할 수 있다는 뜻의 문장(where it is)에서 유래했다는 설도 있습니다. 와레즈는 인터넷 대중화 바람과 함께 폭발적인 인기를 누려 왔습니다. 왜냐 하면, 와레즈 사이트에만 들어가면 수백만 원대에 이르는 소프트웨어를 앉은 자리에서 쉽게 구할 수 있기 때문입니다.

미국의 한 전문 기관(BSA)에 따르면, 2001년 전세계적으로 소프트웨어 불법 사용으로 인한 피해는 118억 달러에 이른다고 합니다. 인터넷

홈페이지 제작 프로그램을 만드는 한 회사는 새롭게 개발된 프로그램의 정품 출시를 며칠 앞두고 완전히 맥이 풀려 버렸습니다. 정품 출시 전에 일부에만 공개했던 베타테스트판(시험판)이 와레즈 사이트에 띄워져 대규모로 돌아다니기 시작했기 때문입니다.

어떤 차이가 있을까?

- **정품 소프트웨어:** 정식으로 사용이 허락된 소프트웨어

- **상용 소프트웨어:** 상업용 소프트웨어, 즉 판매용 소프트웨어로 시장에서 유통되는 소프트웨어

- **프리웨어:** 상업용 수단으로 이용되거나 배포되는 것을 제외하고는 누구나 자유롭게 배포하고 사용할 수 있는 프로그램

- **데모 버전:** 제작자가 상품의 홍보를 위해 정식 버전에서 일부 기능을 제한하여 배포하는 소프트웨어. 맛보기 프로그램으로 입력이나 출력 기능을 제한하거나 일정 기간만 사용할 수 있게 해 놓는 경우가 많음.

- **베타 버전:** 제작자가 새로운 소프트웨어를 출시하기 전에 상품에 대한 반응과 개선점을 발견하기 위해 특정한 사람에게만 사용을 허락하는 소프트웨어

- **셰어웨어:** 소프트웨어의 가격을 지불하기 전에 미리 사용자들이 자유롭게 무료로 사용할 수 있는 소프트웨어. 일반 사용자는 일정 기간 동안 소프트웨어를 무료로 사용하여 보고 마음에 들면 가격을 지불한 다음에 사용하게 됨.

대부분의 와레즈 사이트 운영자는 소영웅주의에 빠진 중·고등 학생들과 대학생들입니다. 요즘에는 초등 학생들도 와레즈 사이트를 운영하는 경우가 있습니다. 이들은 소프트웨어를 많이 가지고 있다는 사실을 과시하거나 자신의 홈페이지를 유명하게 만들어 보려는 목적에서 와레즈 사이트를 운영하고 있습니다. 와레즈 사이트를 운영하다 적발된 한 중학생은 "나는 애국자인데 왜 죄인 취급을 하느냐? 유명한 외국 업체의 소프트웨어를 우리 나라 사람들이 마음껏 공짜로 쓸 수 있도록 밤잠 안 자고 노력했다."라고 말한 바 있습니다. 이들은 눈앞의 그릇된 만족감만을 더 쫓으려고 하므로 불법 복제에 대한 죄의식을 전혀 느끼지 못하고 있습니다.

그러므로 우리는 와레즈 사이트처럼 불법 복제를 일삼는 행위에 아이들이 쉽게 빠지지 않도록 지도해야 합니다. 자! 다음과 같이 해 보세요.

- 타인의 저작물을 허락을 받지 않고 무단으로 이용하는 것은 절도와 같은 명백한 범법 행위임을 주지시킵니다. 타인의 입장에 서서 생각해 보게 만드는 간단한 질문을 통하여 자녀의 도덕적 민감성을 높여주어야 합니다.

또한, 저작권 침해의 피해는 국민 모두에게 돌아가는 것임을 주지시켜 주어야 합니다.

 해킹과 바이러스는 무엇인가요?

Tips

해킹은 다른 컴퓨터에 불법으로 접근하여 저장되어 있는 파일을 빼 내거나 정보를 마음대로 바꾸고 컴퓨터 운영 체제를 손상시키는 것입니다.

해킹(hacking)은 컴퓨터 통신망을 통하여 사용이 허락되지 않은 다른 컴퓨터에 불법으로 접근하여 저장되어 있는 파일을 빼 내거나, 정보를 마음대로 바꾸어 놓기도 하고, 심지어는 컴퓨터 운영 체제를 손상시키는 것을 뜻합니다.

서울 경찰청 사이버 범죄 수사대에 따르면, 인터넷 게임의 가상 아이템 때문에 해킹을 해 형사 입건된 중·고등 학생은 2001년 5월까지 서울에서만 57명에 이른다고 합니다. 이것은 전년도 같은 기간의 44명에 비추어 30%나 늘어난 수치입니다. 경찰에 따르면 형사 입건 대상이 아닌 열네 살 미만의 초등 학생 해커들도 상당수에 이른다고 합니다.

이처럼 청소년들의 해킹 범죄가 증가한 데에는 급격히 확산되는 인터넷 온라인 게임들이 내용상 상대방의 재산(가상 아이템)을 뺏고 뺏기는 형식으로 구성되어, 해킹 유혹을 부추기는 측면이 많기 때문입니다. 또한, 해킹에 쓰이는 프로그램들이 정교해지면서 사용이 그다지 어렵지 않

은 점도 해킹 범죄가 급증하는 원인 가운데 하나입니다.

한편, 컴퓨터 바이러스란, 마치 사람에게 병을 옮기는 바이러스처럼 컴퓨터에 전염되어 장애를 일으키는 프로그램을 뜻합니다. 컴퓨터 바이러스는 주로 컴퓨터의 운영 체제나 프로그램 속에 숨어 있다가 컴퓨터를 작동하지 못하게 하거나, 다른 프로그램이나 중요한 파일의 자료들을 지워버리는 등의 피해를 일으킵니다. 2000년 한 해 동안 우리 나라에서 발견된 신종 바이러스가 무려 572종에 달하였습니다. 이것은 1999년의 379건에 비해 크게 늘어난 수치로서 1일 평균 1.6종 꼴로 신종 바이러스가 만들어진 셈입니다.

2000년 2월 야후 · CNN 등에 대한 '서비스 거부 공격'은 20억 달러 (2조 6,000억원)의 직 · 간접적 피해를 낸 것으로 보고되었습니다. 2000년 5월 발생한 러브레터 바이러스의 피해 역시 전세계적으로 100억 달러에 이른다고 합니다. 이처럼 해킹이나 바이러스로 인한 재산 피해는 어떤 범죄보다도 막대합니다.

컴퓨터 바이러스란 컴퓨터에 전염되어 컴퓨터를 작동하지 못하게 하거나, 다른 프로그램 또는 자료를 지워버리는 프로그램을 말합니다.

 **해킹이나 바이러스로부터 아이들을 어떻게 보호할 수 있을까요?**

인터넷 등 정보 통신망에서 정보를 다운로드할 때 다운로드받는 파일에 바이러스 및 해킹 프로그램이 첨부되어 컴퓨터에 설치될 수 있는데, 이로 인해 컴퓨터의 오작동, 하드디스크의 파괴로 인한 자료의 손실, 개인 정보 유출·삭제 등의 피해가 발생할 수 있으므로 미리 예방을 해야 합니다.

해킹과 바이러스로부터 자신을 보호하기 위하여 다음과 같이 해야 합니다.

- 아이들로 하여금 중요한 자료는 정기적으로 백업하여 보관하도록 합니다.
- 외부로부터 공급된 플로피 디스켓이나 다운로드한 자료들은 바이러스 감염 및 해킹 프로그램 설치 여부를 체크한 후에 사용하도록

해야 합니다.

- 바이러스 감염 및 해킹 시도로 인한 컴퓨터의 오작동이 감지되면 즉시 모든 작업을 중지하고 모뎀 선 또는 LAN 선을 분리시키는 등 네트워크 접속을 끊도록 해야 합니다. 이후 해킹 · 바이러스 상담 지원 센터 등 관계 기관에 신고하여 지원을 받도록 합니다.
- 해킹 · 바이러스 지원 센터, 바이러스 백신 업체의 자료 회원으로 등록하여, 수시로 해킹과 바이러스에 대한 정보를 얻도록 합니다. 컴퓨터 바이러스 백신 프로그램은 관계 기관이나 홈페이지에서 무료로 다운로드 할 수 있습니다.

알아두세요

해킹 · 바이러스 상담 지원 센터

- **하는 일:** 해킹 · 바이러스에 대한 상담을 수행하고, 침해 사고에 대한 대처 방법 등을 지원합니다.
- **상담 전화:** (02) 118
- **홈페이지 주소:** www.cyber118.or.kr
- **전자 우편 주소:** cyber118@cyber118.or.kr

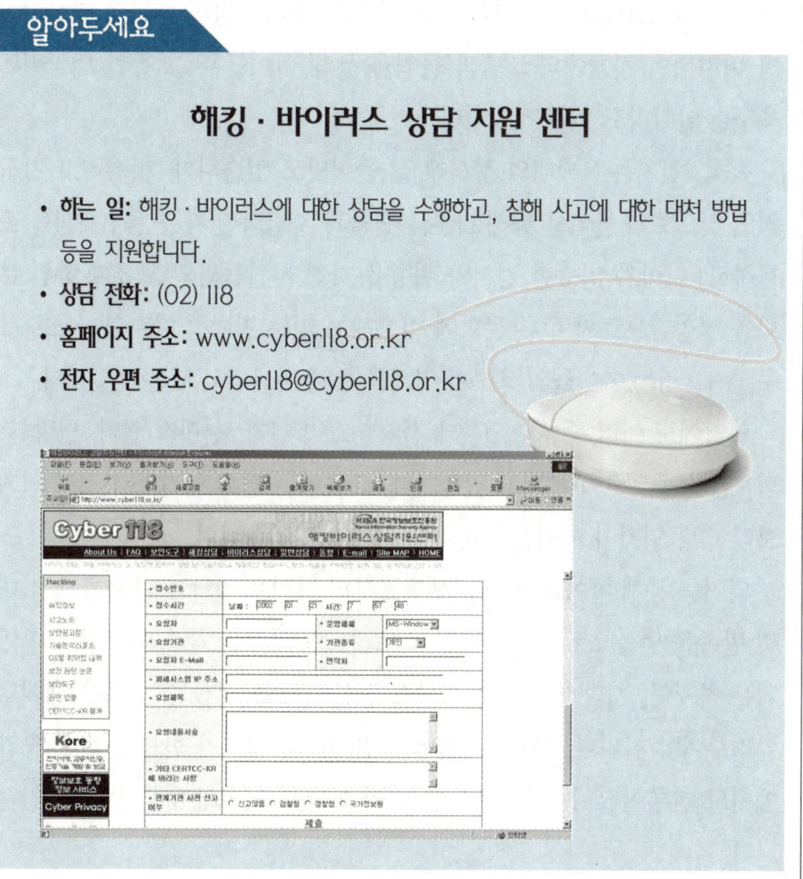

 **엽기 사이트란 무엇인가요?**

원래 엽기라는 말의 사전적 의미는 '괴이한 일이나 사물에 흥미가 끌려 사냥하듯 쫓아다니거나 수집한다.'는 것입니다. 초기의 엽기 사이트는 살인 장면 등을 그대로 나타내는 등 일반적인 상식을 뛰어넘는 반인륜적이고 변태적인 내용이 많았으나, 엽기의 의미와 내용도 시간이 지남에 따라 변해가고 있습니다.

엽기는 권태로운 일상으로부터 탈출하고 싶은 아이들의 끝없는 욕망을 충족시켜 주는 새로운 대안으로 자리를 잡고 있습니다. 일상 속에서 혐오스럽다고 배척되는 것들, 또는 엉뚱하거나 기발할 정도로 역설적이라 여겨지던 것들에의 노출과 몰입을 통해 아이들은 그 동안 억눌렸던 욕구를 발산하고 있는 것입니다.

특히, 엽기는 N세대의 정서에 잘 들어맞고 있습니다. 독특하고 자극적인 것으로의 몰입을 통해 다른 사람들과 차별화된 자신만의 개성을 표현하고, 나아가 비슷한 정서와 취향을 가진 사람들과의 고유한 하위 문화를 형성함으로써 주류 문화에 익숙해져 있는 평범한 다수와 스스로를 구별지으려는 아이들의 욕구가 엽기를 통해 발산되고 있는 것입니다.

엽기에도 여러 종류가 있는데 잔혹 · 호러 엽기, 선정적 엽기, 명랑(코믹) 엽기 등으로 구분되고 있습니다. 요즘에는 잔혹 엽기나 선정적 엽기보다 명랑 엽기가 아이들의 마음을 사로잡고 있습니다.

엽기를 통해 아이들이 일상 생활로부터 가벼운 일탈과 탈출에 의한 대리 만족을 얻음으로써 억눌렸던 스트레스와 욕구를 해소하는 장점이 있기는 하지만, 지나친 몰입은 오히려 정신 건강을 해칠 수 있음을 제대로 알려주어야 합니다. 특히, 사이버 공간에서의 엽기가 반드시 현실 공간에서도 이루어질 수 있고 가능한 것이 아님을 인식시켜 줄 필요가 있습니다.

 인터넷 시대의 밝은 우리 가정

지금까지 살펴본 바와 같이, 사이버 공간에는 다양한 분야의 사람들이나 집단들이 존재하므로, 아이들이 이러한 공간을 이용함으로써 이들과 자유롭게 상호 작용을 할 수 있습니다. 따라서 인터넷을 사용하는 아이들은 다양한 국적, 성격, 배경, 가치관, 그리고 기호를 가진 사람들과 다양한 사회적 인간 관계를 형성할 수 있습니다.

또한, 아이들은 사이버 공간에서 자신만의 공간을 만들어 자신의 욕구를 충족시켜 나갈 수 있습니다. 사이버 공간은 아이들에게 스스로 탐험하고, 모험 정신을 추구하려는 욕구와 부모가 모르는 자기 공간을 만들고자 하는 욕구를 충족시켜 주는 공간으로 기능하고 있습니다. 아이들은 사이버 공간을 통해 부모가 알 수 없는 새로운 사람을 만나고, 신나는 일을 하고, 새로운 세계를 탐험할 수 있으면서도, 여전히 몸은 상대적으로 안전한 집에 남아 있을 수 있습니다. 즉, 인터넷은 부모로부터 완전히 독립할 필요 없이 부모가 모르는 세계를 스스로 탐험할 수 있는 공간을 제공해 주고 있습니다.

그러나 사이버 공간은 아이들의 삶에 부정적인 영향을 미칠 수 있는 많은 요인을 갖고 있을 뿐만 아니라, 인터넷 자체가 가정 생활의 모습을 상당히 변화시키고 있기 때문에 부모들의 역할이 어느 때보다도 더 커지고 있습니다. 인터넷이 도입됨에 따라, 가정에서는 부모 세대와 자녀 세대 간의 세대 차이가 더욱 커지고 있으며, 가족 간의 대화와 만남의 기회가 더욱 줄어들고 있습니다. 그런가 하면 부모가 아이들에 비해 새로운 정보 통신 기술을 수용하는 데서 어려움을 보이고 있기 때문에 아이들에 대한 부모의 권위가 더욱 약화되고 있습니다.

그러나 전자 우편과 같은 새로운 수단을 통해 가족 구성원 모두가 적극적으로 참여하는 의사 소통이 이루어질 수 있는 장점도 있습니다. 또한, 가족 홈페이지 운영을 통해 구성원들 사이의 따뜻한 정을 확인할 수도 있습니다.

그러므로 우리는 인터넷이 가져다 주는 역기능을 최소화하는 가운데, 새로운 시대에 부합하는 가정을 만들어 나가야 합니다. 이를 위해 우리 부모들이 해야 할 일에 대하여 알아봅시다.

먼저, 인터넷 시대에 부합하는 밝은 가정의 모습이란 어떤 것인지에 대해 알아봅시다. 외국의 한 학자는 인터넷 시대에 부합하는 이상적인 가족의 모습을 열린 가정이라고 정의하면서, 열린 가정을 만들기 위한 열 가지 계명을 다음과 같이 제시하고 있습니다.

건전한 사이버 문화 형성을 위한 열린 가정의 십계명

1. 가족의 구성원들이 디지털 매체에 대한 경험을 공유한다. 아이들이 좋아하는 웹 사이트를 함께 여행하기도 하고 아이들이 갖고 있는 궁금증을 함께 토론한다.
2. 열린 가정이 가능하기 위해서는 무엇보다 부모가 새로운 미디어의 잠재력을 이해하고 아이들의 문화를 수용해야 한다.
3. 열린 가정의 토대는 아이들의 호기심을 부모가 공유하는 것이다.
4. 열린 가정은 상호 작용 모형을 본받는다. 일방적인 의사 소통에서 양방향적인 의사 소통을 즐기며 이것이 가능하기 위해서는 무엇보다 상대방의 견해에 귀를 기울여야 한다.
5. 열린 가정은 음란물과 같은 것에 대해 토론할 수 있고, 서로가 이해할 수 있는 방식으로 그 문제를 처리한다.
6. 열린 가정은 미디어에 대해 비판적인 자세를 취한다. 해당 정보의 진실성에 대해 토론하고, 기본 가설에 의문을 제기한다.
7. 열린 가정은 언제나 네트워크를 통해 서로 연결되어 있다. 가정이나 일터 또는 학교에서 전자 우편을 주고받으며 필요한 메시지를 교환한다.
8. 열린 가정의 구성원들은 언제나 상대방의 문화를 존중한다.
9. 열린 가정은 언제나 무엇인가를 함께 배워 나간다. 배움을 통해 가정은 변화하는 환경에 신속하게 적응할 수 있다.
10. 열린 가정의 구성원들은 공동의 이해 관계를 가지고 있지만, 동시에 추구하는 목표는 서로 다를 수 있다는 것을 인정한다.

그러므로 이러한 열 가지 계명을 중시하는 가운데 자녀들을 지도해야 합니다.

먼저, 아이들이 인터넷을 통해 무엇을 얻고자 하는지 그들의 기본적인 욕구를 잘 이해할 필요가 있습니다. 전문가들에 따르면, 아이들이 PC 통신이나 인터넷에 접속하게 되는 데에는 다음의 여섯 가지 욕구가 관계되어 있다고 합니다.

- '인간 관계 욕구' 로서 다른 사람들과 관계를 형성하고자 하는 욕구를 의미합니다.

- '독립의 욕구'로서 간섭받지 않는 자신만의 공간을 갖거나 자신의 생각을 자유롭게 펼치고자 하는 욕구를 의미합니다.
- '자기 및 세상에 대한 이해의 욕구'로 자신에 대하여 올바른 인식을 하고 내가 아닌 다른 사람과 세상에 대하여 바른 이해를 하고자 하는 욕구를 의미합니다.
- '학습의 욕구'로서 정보나 지식 등을 얻고자 하는 욕구를 뜻합니다.
- '친밀감의 욕구'로서 타인과 자신의 생각을 공유하고, 서로에 대해 격려와 용기를 주고받고자 하는 욕구를 의미합니다.
- '집착'으로서 아무런 의미나 동기 없이 PC 통신이나 인터넷을 하게 되는 경향을 의미합니다.

한편, 우리 나라 어린이와 청소년들이 PC 통신이나 인터넷을 하게 되는 이유는 학습의 욕구, 관계의 욕구, 독립의 욕구, 친밀감의 욕구, 자기 및 세상에 대한 이해의 욕구, 집착의 욕구 순으로 나타난다는 연구 결과도 있습니다. 즉, 이것은 우리 아이들이 일반적으로 PC 통신이나 인터넷을 학습이나 정보 습득의 도구로 이용하고 있으며, 다른 사람과의 인간 관계를 형성하고 지속해 가는 장으로 이용하고 있음을 말해 줍니다. 또한, PC 통신이나 인터넷이 아이들의 독립에 대한 욕구를 충족시켜 주는 도구가 될 수 있음을 시사하고 있는데, 이는 독립에 대한 강한 욕구를 갖고 있는 아이들이 PC 통신이나 인터넷을 통해 책임감을 갖고 독립을 하면서 건강하게 성장할 수 있는 가능성이 있음을 암시해 줍니다.

그러므로 우리의 자녀들이 어떤 욕구에서 출발하여 인터넷에 접속하게 되는지를 면밀하게 관찰할 필요가 있습니다. 만약, 자녀가 아무런 이유 없이 그냥 인터넷에 접속하여 소일하고 있다면, 인터넷을 통해 자신의 가능성을 발견할 수 있는 다른 경로에 대해 부모들이 나서서 가르칠 필요가 있습니다.

또한, 인터넷을 올바르고 건전하게 사용할 수 있는 수칙을 만들어 아

Tips

아이들이 인터넷에 접속하는 것은
- 인간 관계의 욕구
- 독립의 욕구
- 자기 및 세상에 대한 이해의 욕구
- 학습의 욕구
- 집착

과 관련이 있습니다.

이들이 이를 지키도록 지도하는 것이 바람직합니다. 또는 컴퓨터 사용 일지를 기록하게 하여 아이들이 자신의 컴퓨터 이용 실태를 스스로 통제할 수 있는 능력을 길러 줄 필요가 있습니다. 이 때 중요한 것은 부모가 모범을 보여야 한다는 것입니다. 자신은 무계획적으로 컴퓨터를 이용하면서 자녀의 컴퓨터 이용 시간을 자의적으로 통제하려고 한다면 아이들의 반발 심리만 자극할 것이 분명하기 때문입니다.

가정에서 활용할 수 있는 인터넷 가정 안전 수칙과 컴퓨터 사용 일지의 사례를 제시하면 다음과 같습니다.

인터넷 가정 안전 수칙

나는 컴퓨터와 인터넷을 사용하면서 반드시 지켜야 할 규칙이 있다는 것을 알고 있어요. 나는 다음과 같은 규칙들을 지킬 것을 엄마, 아빠와 약속합니다.

1. 나는 인터넷이나 PC 통신에서 만나는 사람 누구에게도 내 이름과 주소, 전화 번호, 학교, 부모님 성함 등을 함부로 알리지 않습니다. 알릴 경우에는 부모님께 상의한 후에 알립니다.

2. 나는 인터넷이나 PC 통신상에 어른이면서 어린이인 것처럼 가장하는 사람들도 있다는 것을 압니다. 나는 이러한 사람을 만났을 때 부모님께 알릴 것이며, 이런 사람들과 이야기를 하지 않습니다. 또한 인터넷이나 PC 통신에서 알지 못하는 사람으로부터 전자 우편을 받고 답장을 보내기 전에 반드시 부모님께 말씀드릴 것입니다.

3. 나는 인터넷이나 PC 통신 상에서 물건을 사거나 주문하지 않을 것이며, 부모님의 신용 카드 정보를 입력하지 않을 것입니다.

4. 나는 부모님의 신용 카드 정보를 이용하여 청소년들에게 해가 되는 사이트에 회원으로 등록하지 않을 것이며, 필요하지 않은 사이트에 회원으로 등록하는 것을 자제하겠습니다.

5. 나는 인터넷이나 PC 통신 상에서 논쟁이나 싸움을 하지 않을 것입니다. 만약 다른 사람이 나에게 시비를 걸어오면 대꾸하지 않겠습니다.

6. 부모님이 보지 말라고 했던 것, 나에게 유익하지 못한 사이트에 우연히 가게 되

면 '뒤로' 버튼을 클릭하거나, 접속을 종료할 것이며, 유해한 사이트에 접속을 하지 않을 것입니다.

7. 나는 인터넷과 PC 통신상에서 경험했던 모든 일을 부모님께 비밀로 하지 않을 것입니다.

8. 이상한 말과 그림이 담긴 전자 우편을 받으면 부모님께 반드시 알릴 것이며, 모르는 사람이 내가 생각하지 않았던 일을 하도록 요구한다면 부모님께 반드시 알릴 것입니다.

9. 부모님이 허락하지 않는 한, 인터넷이나 PC 통신 상에서 만났던 사람에게 연락하지 않을 것이며, 특히 직접 만나지 않을 것입니다.

10. 부모님이 허락하지 않는 한, 인터넷이나 PC 통신 상에서 알게 된 사람에게 아무것도 보내지 않을 것이며, 내게 어떤 물건을 보냈을 경우에는 반드시 부모님께 말씀드릴 것 입니다.

11. 인터넷이나 PC 통신상에서 다른 사람의 흉을 보지 않을 것이며, 나쁜 말을 사용하지 않을 것입니다. 또한 상대방을 배려하는 네티켓을 지킬 것입니다.

12. 우리 부모님은 내가 인터넷과 PC 통신을 안전하게 이용하길 원하신다는 걸 알고 있습니다. 부모님께서 하지 말라고 하시는 말씀에 항상 귀기울일 것입니다.

13. 나는 우리 부모님이 컴퓨터와 인터넷을 좀 더 잘 활용할 수 있도록 가르쳐 드릴 것입니다.

14. 나는 안전하게 컴퓨터를 사용할 수 있도록 친구들에게도 이야기할 것이며, 함께 실천할 것입니다.

나는 이러한 규칙을 지킬 것을 약속합니다.

_______________________ (인 또는 서명)

나는 우리 아이가 이러한 규칙을 지킬 수 있도록 도울 것이며, 사이버 공간에서 있었던 나쁜 일들에 대해 말해 줄 때, 진지하게 이야기할 것을 약속합니다.

_______________________ (인 또는 서명)

–출처: 학부모 정보 감시단

컴퓨터 사용 일지

	년 월 일
이용 시간	시 분 부터 시 분 까지

컴퓨터 사용 용도 : ☐ 공부　☐ 게임　☐ 인터넷　☐ PC통신　☐ 기타

■ **공부를 했습니다.**

　• 공부 시간

　• 공부한 내용

■ **게임을 했습니다.**

　• 이용 시간

　• 게임 종류

■ **PC통신을 했습니다.**

　• 이용 시간

　• 이용 이유

■ **인터넷을 이용했습니다.**

　• 이용 시간

　• 이용 이유

추천하고 싶은 곳	주소 : 제목 : 이유 :
가고 싶지 않은 곳	주소 : 제목 : 이유 :
메모	

–출처: 학부모 정보 감시단–

아울러, 자녀의 컴퓨터 사용에 대하여 부부가 일관된 철학을 가지고 있어야 합니다. 예를 들어, 아버지는 자녀의 컴퓨터 이용에 대해 자유 방임적인데 어머니는 매우 통제적인 입장을 취한다면, 아이는 부모 사이에서 기회주의적으로 행동하는 나쁜 습관을 갖게 됩니다. 따라서 자녀의 컴퓨터 이용에 대해 부모가 일관된 목소리를 낼 수 있도록 부부 간의 대화를 지속적으로 해 나가는 것을 잊어서는 안 됩니다.

한편, 가장 훌륭한 부모는 자녀가 어떤 문제에 직면하였을 때 자녀가 스스로 그 문제를 해결할 수 있는 방법을 찾는 데 책임감을 느끼도록 지지와 관심을 보여 주는 부모입니다. 부모는 자녀가 어떤 문제에 직면했을 때, 자신의 생각과 경험을 바탕으로 해결책을 즉각적으로 제시해 주려고 노력하지만 이것이 실제로 자녀에게 도움이 되는 경우는 그리 많지 않다는 사실을 알아야 합니다.

　　마음을 열고 아이와 대화를 하되, 아이가 스스로 문제를 해결할 수 있는 방안을 찾도록 도와 주어야 합니다. 그리고 늘 아이의 입장에 서서 생각해 보도록 노력해야 합니다. 자녀의 말을 끊지 않고 경청하는 자세도 매우 중요합니다. 부모의 말 한 마디가 아이에게 상처를 주고, 나아가 부모와의 말문을 닫아 버리는 계기가 될 수 있음에 유념해야 합니다. 그러니 아이의 마음을 움직일 수 있는 표현을 사용해야 합니다.

아이의 마음을 움직이는 말	
…라고 하지 마세요	…라고 하세요
넌 못됐어.	참 착하기도 하지!
넌 절대 믿을 수가 없어!	네가 도와 주었으면 좋겠다. 언제든지 도와 주렴.
입 다물지 못하겠니!	가람아, 가만 있거라. 가람아, 쉿!, 조용한 목소리로 말할 거지?
창피하지도 않니?	엄마는 실망했다. 다음엔 잘 하겠지? 또 이런 일이 일어나면 그 땐 벌을 주겠다.
말 좀 들어! 얌전히 하라고 했지? 그리고 어떻게 한다고 했지? 오늘 밤에 아빠 오시면 다 이를 거야.	스스로 알아서 할 수 있지? 엄마를 도와 줄 거니?
나쁜 짓을 할 때 네가 싫다.	엄마는 너를 사랑한단다.…… 하지만 이렇게 하는 것은 싫구나!
엄마가 여러 번 얘기했지? 그런데 아직도 못 알아듣니?	이거 어려운걸. 다음에 다시 해 보자. 엄마가 도와 줄게!
때려 주겠다! 벌써 세 번이나 그만두라고 말했지!	안됐지만, 이렇게 하면 안 돼. 왜냐 하면…….
내 말 안 들리니? 말 좀 들어!	애, 넌 참 말귀가 밝구나!

덧붙여, 부모 스스로가 새로운 정보 문화를 이해하고 수용하는 데 앞장을 서야 합니다. 부모가 양질의 정보 판단력을 가지고 있다면, 자녀 지도는 훨씬 쉬워질 수 있습니다. 부모가 정보를 검색하거나, 검색한 정보를 놓고 해당 정보의 성격과 영향에 관하여 객관적인 평가 활동을 한 후에, 자녀에게 알맞은 유용한 정보를 모아서 제공해 준다면, 자녀들이 인터넷의 유해 환경으로부터 안전하고 편안한 가운데 인터넷 항해를 할 수 있을 것입니다.

끝으로, 의심스런 정보나 해로운 정보를 발견하였을 때에는 즉시 관계 기관에 신고하는 모습을 보여 주는 것도 자녀를 지도하는 데 큰 도움을 줄 수 있을 것입니다. 악이 승리하는 유일한 조건은 바로 선한 사람들이 아무 일도 하지 않는 것입니다. 우리가 유해 정보를 보고도 그대로 방치한다면, 인터넷은 우리 아이들의 안전을 위협하는 아주 위험한 장소가 될 것입니다. 인터넷 시대의 밝은 가정을 만들기 위하여 우리는 인터넷의 유해 정보로부터 우리 아이들을 보호하고, 우리 아이들이 정보 통신 윤리나 네티켓에 어긋나는 행동을 하지 않도록 지도해야 할 권리와 책임이 있습니다.

자녀들의 인터넷 사용과 관련해
부모가 가져야 할 열 가지 권리 장전

1. 부모는 자녀들이 인터넷에서 무엇을 보는지 통제할 수 있어야 한다.

2. 부모는 자녀들의 인터넷 접속을 통제하는 소프트웨어를 쉽게 구할 수 있어야 하며, 이 소프트웨어들은 인터넷 검색 프로그램(브라우저)과 인터넷 서비스에 통합되어야 한다.

3. 웹 사이트를 만드는 사람은 그들의 사이트에 등급을 매기고, 브라우저에서 알아볼 수 있는 방법으로 등급을 표시해야 한다.

4. 감시단이 만들어져 이들 사이트 등급이 제대로 매겨졌는지를 지속적으로 감시해야 한다.

5. 등급 매기기에 동의하지 않는 웹 마스터는 자발적으로 주요 검색 서비스에서 빠져나가야 한다.

6. 어린이의 대화방은 안전히 지켜질 수 있게 모니터되어야 한다.

7. 웹 사이트는 그 곳에 등록한 사람한테서 얻은 정보를 어디에 사용하는지 철저하게 공개해야 한다.

8. 광고는 분명히 광고라는 표지를 달아야 하며, 홈페이지 내용과는 분리되어야 한다.

9. 만일 온라인 쇼핑과 관련이 된다면 광고주는 구매 전에 부모의 동의를 얻도록 해야 한다. 부모는 잘못 보내진 주문을 취소할 권리를 가져야 한다.

10. 만일 광고주가 자녀와 전자 우편으로 연락을 한다면 부모는 이를 알 권리가 있으며, 전자 우편 통신을 계속하지 못하게 하는 선택 사양이 있어야 한다.

-출처: members.tripod.lycos.co.kr/kidsafe

사이버 문제, 이 곳에서 해결하세요!

1. 불건전 정보를 신고할 때

정보통신윤리위원회(www.icec.or.kr)

2. 사이버 성폭력 피해를 신고할 때

사이버 성폭력 피해 신고 센터(www.gender.or.kr)

3. 인터넷 중독이 염려될 때

사이버 중독 정보 센터(www.cyadic.or.kr)

4. 개인 정보가 침해 당했을 때

개인 정보 침해 신고 센터(www.cyberprivacy.or.kr)

5. 해킹이나 바이러스 피해를 입었을 때

해킹 바이러스 상담 지원 센터(www.cyber118.or.kr)

6. 사이버 범죄로 인해 피해를 입었을 때

사이버 경찰청(www.police.go.kr)

7. 각종 컴퓨터 범죄를 신고할 때

인터넷 범죄 수사 센터(dci.sppo.go.kr)

8. 상품이나 서비스 이용에서 피해를 입었을 때

한국소비자보호원 소비자 상담실(www.cpb.or.kr)

9. 통신 서비스 이용 중 손해를 입었을 때

통신위원회(www.kcc.go.kr)

10. 전산망이 침해 사고를 당했을 때

한국 침해사고 대응 지원팀(www.certcc.or.kr)

11. 사이버 상담이 필요할 때

YMCA 청소년 상담 네트워크(counsely.ymca.or.kr)

한국심리상담연구소(www.kccrose.or.kr)

[부록] 사이버 범죄에 대한 처벌 법규

1. 사이버 테러리즘

범죄 유형		죄명 및 적용 법조
해킹 범죄	해킹 행위 자체	정보통신망 무단침입죄〔정보통신망법(이하 망법) 제48조, 제63조〕
	해킹에 의한 비밀 침해	비밀침해죄(형법 제316조 제2항) 정보통신망 비밀침해죄(망법 제49조, 제62조 제6호) 통신비밀 무단감청죄(통신비밀보호법 제16조 제1호)
	해킹에 의한 자료 삭제	전자기록손괴죄(형법 제366조) 정보통신망 정보훼손죄(망법 제49조, 제62조 제6호) ☆ 해킹에 의한 자료 삭제를 통한 업무방해 : 컴퓨터등 업무 방해죄(형법 제314조 제2항) ☆ 대량의 스팸 메일 또는 전자 우편을 통한 업무 방해 : 컴퓨터 등 업무 방해죄, 대량 데이터 업무 방해죄(망법 제48조 제3항, 제62조 제5호).
	해킹에 의한 자료 변경	전자기록위작·변작죄(형법 제227조의2, 제232조의2) 정보통신망 정보훼손죄(망법 제49조, 제62조)
	해킹에 의한 재산 취득	컴퓨터 등 사용사기죄(형법 제347조의2)
바이러스 범죄		☆ 위 해킹 범죄의 적용 법조와 대부분 동일한 경우 -바이러스를 통한 자료 삭제 및 자료 변경, 비밀 침해, 업무 방해, 재산 취득
	전달·유포행위	악성 프로그램 전달·유포죄(망법 제48조 제2항, 제62조 제4호)
	제조 행위	처벌규정 없음(처벌 필요성을 긍정하는 견해 있음)
정보기반에 대한 사이버 테러리즘	주요 정보 기반 시설에 대한 전자적 침해 행위	주요 정보통신기반시설 침해죄(정보통신기반보호법 제15조, 제36조 제1항)

2. 인터넷 사기

범죄 유형	죄명 및 적용 법조
전자 상거래에 있어서의 기망 행위로 인한 재산 취득	사기죄(형법 제347조)
해킹을 통한 재산 취득 ☆ HotKeysHook 바이러스	컴퓨터 등 사용 사기죄(형법 제347조의2)
신용 카드 범죄	신용 카드 부정 사용죄(여신전문금융업법 제70조 제1항 제3호) 절도죄(형법 제329조) 사기죄(형법 제347조)
스팸 메일	☆ 대량의 스팸 메일 또는 전자 우편을 통한 업무 방해 : 컴퓨터 등 업무 방해죄(형법 제314조 제2항), 대량 데이터 업무 방해죄(정보통신망법 제48조 제3항, 제62조 제5호). ☆ 소량 내지 1회성의 광고성 스팸 메일 전송 행위 : 광고성 정보 전송죄(정보통신망법 제50조, 제67조 제1항 제15호)

3. 사이버 음란물

정보 통신망을 통하여 음란한 부호 · 문언 · 음향 · 화상 또는 영상을 배포 · 판매 · 임대하거나 공연히 전시한 자는 1년 이하의 징역 또는 1,000만 원 이하의 벌금에 처한다.

- 정보 통신망 음란부호 등 배포 등 죄(정보통신망법 제65조 제2호)
- 청소년 유해 매체물 표시 위반 제공죄(정보통신망법 제42조, 제64조)

4. 사이버스토킹(사이버성폭력 포함)

- 정보 통신망 이용 공포심 조성죄(정보통신망법 제65조 제1항 제3호)

– 통신 매체 이용 추언죄(성폭력특별법 제14조)

5. 사이버 명예 훼손

– 정보 통신망 이용 명예 훼손죄(정보통신망법 제61조)

6. 인터넷상의 저작권 침해

– 컴퓨터 프로그램 무단 복제죄(컴퓨터프로그램보호법 제29조 제1항, 제46조 제1항) 등

– 저작권 침해죄(저작권법 제98조) 등

7. 사이버 정보침해

① 개인 정보 유출

– 개인 정보 무단 이용죄(정보통신망법 제24조 제1항, 제2항, 제62조 제1호, 제2호)

– 개인 정보 훼손죄(정보통신망법 제24조 제4항, 제62조 제3호)

– 공공 기관 개인 정보 불법 변경죄(공공기관의 개인정보 보호에 관한 법률 제23조 제1항) 등

② 사이버 스파이

– 영업 비밀 무단 사용죄(부정경쟁방지법 제18조) 등

8) 인터넷 도박

– 도박죄 · 상습 도박죄(형법 제246조)

– 도박 개장죄(형법 제247조)

– 미등록 외환 거래죄(외국환거래법 제8조, 제27조 제1항 제5호) 등

– 출처: 백광훈, 인터넷 정보 내용 범죄의 유형과 그 처벌 법규, 정보통신윤리위원회 3차 학술포럼 자료집, 2001.

집필자

추병완(춘천교육대학교)

연구진

손병길(한국교육학술정보원)
유재택(한국교육학술정보원)
채보영(한국교육학술정보원)

삽화가

송영진

검토 · 협의진

강성철(교육인적자원부)
박영애(전 한국교육학술정보원)
양성석(한국교육학술정보원)
양희경(학부모 연대)
이상윤(한국청소년문화연구소)
이선희(교육인적자원부)
이소영(교육인적자원부)
이은경(정보통신윤리위원회)
이　준(한국교육학술정보원)

학부모를 위한 정보통신윤리

지은이 / 한국교육학술정보원
펴낸이 / 김경태
펴낸곳 / 한국경제신문 한경BP
등록 / 제 2-315(1967. 5. 15)
제1판 1쇄 인쇄 / 2002년 2월 1일
제1판 1쇄 발행 / 2002년 2월 10일
홈페이지 / http://bp.hankyung.com
e-mail /bp@hankyung.com
주소 / 서울특별시 중구 중림동 441
기획출판팀 / 3604-553~6
영업마케팅팀 / 3604-561~2, 595
FAX / 3604-599

* 파본이나 잘못된 책은 바꿔 드립니다.
ISBN 89-475-2370-4

값 8,000원